Snow Man

俺たちの今、未来
Now & Future

池松紳一郎

太陽出版

プロローグ

「タイトルにも『滝沢歌舞伎ZERO FINAL』とある通り、滝沢秀明氏がジャニーズ事務所を去った今、『滝沢歌舞伎』の名前が今後使われることは永遠になくなるわけですからね。Snow Manの代表作であり、あの〝腹筋太鼓〟が見られる伝説の舞台。9人ともやはり本音では寂しいと思いますよ」（人気放送作家）

2006年にスタートした『滝沢演舞城』にルーツを発し、どのジャニーズJr.（当時）よりも深く濃く、この作品に関わってきたSnow Man。

CDデビュー年の2019年からは主演を受け継ぎ、新たに『滝沢歌舞伎ZERO』としてパワーアップしたパフォーマンスを見せてくれていた。

Snow Manの代名詞ともいえるレベルの高いアクロバットをはじめ、先に名前の挙がった腹筋太鼓、鼠小僧などを武器に観客を魅了。さらに主演を引き継いだ翌年には『滝沢歌舞伎ZERO 2020 The Movie』として映画化も果たし、大ヒットを記録。

もはや演劇界における〝春の風物詩〟的な作品が、この『滝沢歌舞伎ZERO』だった。

「『滝沢歌舞伎ZERO FINAL』では、Snow Manが初めて演出を務めることにもなりました。これだけの大舞台、かつて故ジャニー喜多川氏以外で舞台作品の演出を務めた先輩たちには東山紀之さん、堂本光一くん、そして滝沢秀明くんぐらいしかおらず、そんな先輩方にSnow Manが実績で並ぶことになる。これはファイナルを飾るに相応しいサプライズであり、ここで極上のエンターテイメントを見せることで、グループやメンバー個々の将来が開けると言っても過言ではありません」

(同人気放送作家)

4月8日から30日まで新橋演舞場で上演される『滝沢歌舞伎ZERO FINAL』について、メンバーはどんな発言をしているのだろう?

『すごい個人的な話になってしまうんですけれども、
ジャニーズ事務所に入所させていただいた年に『滝沢』が始まって、
今年30才になるこの節目の年に、こうして『滝沢歌舞伎ZERO FINAL』という形で、
自分たちが主演で幕を下ろせる、卒業式を行えるっていう形が、
本当にありがたいなって思っています。
自分たちのグループ名が付いたのもこの『滝沢歌舞伎』でしたし、
初めて主演でやらせてもらえたのも『滝沢歌舞伎』。
このメンバーでやらせてもらったのも『滝沢歌舞伎』だったりとか、
自分たちを語るうえで絶対に欠かすことができない作品に、
自分たちの手で終止符を打てるというのは、
本当にありがたいなという風に思っております』〈岩本照〉

『この『滝沢歌舞伎ZERO FINAL』を僕たちは、
本当に精一杯、今回ステージに立たせていただくので、
僕たちだけの力ではやっぱり盛り上げられず、
皆さんのお力をお借りしながら、
この『滝沢歌舞伎ZERO FINAL』を盛り上げていきたいなと思います』〈深澤辰哉〉

『僕はSnow Manに入ったタイミングが、
この『滝沢歌舞伎ZERO』だったので、
それがファイナルを迎えるということで、
より一層気持ちを引き締めたいなという気持ちなんですけど、
本当にファイナルっていうこともあるんですけど、
9人で1ヵ月舞台をできる機会はこれから先もしかしたらないかもしれないので、
1回1回を大切に。
あと、見に来てくれる皆さんを純粋に楽しませるんだっていう気持ちを忘れずに、
頑張りたいなと思います』〈ラウール〉

『『滝沢歌舞伎』は今年でファイナルということで最後になると思うんですけども、
Ｓｎｏｗ Ｍａｎとしても成長している部分もあるので、
たぶん新橋演舞場、『滝沢歌舞伎』を初めて見るお客様もいっぱいいらっしゃると思うので、
ファイナルっていうことに引っ張られすぎず、
初めて来るお客さんにも親切な演目、
誰も置いていかない舞台作りをみんなでしていけたらなという風に思っております』〈渡辺翔太〉

『僕にとって『滝沢歌舞伎』っていう舞台は上京するきっかけでもありますし、
このＳｎｏｗ Ｍａｎに加入するきっかけでもあるすごい大切な作品で、
舞台に上がるたびに初心を思い出させてくれる本当に大好きな舞台です。
ファイナルということで、悲しんでしまう人もたくさんいるとは思うんですけども、
明るい気持ちで僕たちも頑張りますし、全員に楽しんでもらえる、
僕たちを初めて見てもらえる人と、今まで滝沢歌舞伎を応援してくれた人たくさんいると思いますので、
そういうすべての人に素敵なエンターテインメントをお届けできるように、
頑張りたいなと思います』〈向井康二〉

『Snow Manというグループ名が初めて発表されたのは、
この『滝沢歌舞伎』という舞台でした。
その後もグループに3人が加入するきっかけになったり、
Snow Manの歴史を語るうえでは欠かせない公演、それが『滝沢歌舞伎』です。
それほど僕たちも大事に思っておりますし、
今年も〝ファイナル〟と名が付いたからには、
その使命をしっかりと務めさせていただきます。
ジャニーズが誇る最高の和のエンターテインメントを、
僕たちがやらせていただけることを本当に誇りに思います』〈阿部亮平〉

『本当に僕たちの青春が詰まった、
青春の時間を過ごした作品が『滝沢歌舞伎』でした。
上演する作品としては今回がファイナルでも、
見てくださる皆さんの心の中にはずっと『滝沢歌舞伎』が生き続けると思いますので、
最後ファイナル、より多くの方に目に焼きつけていただけたら嬉しいです』〈目黒蓮〉

『上演は今年の4月ということで、
4月といえば桜が美しいですよね。
僕たちはこの作品を通じて、
「桜は散るものではなく舞うものだ」という言葉をモットーにやってきました。
そしてファイナルという言葉は少し強いものと感じるかとも思いますが、
Ｓｎｏｗ Ｍａｎとして、枝をもっともっと生やし、
そして満開に咲いていくという途中なのかなっていう気も僕はしております。
ジャニーズの和のエンターテインメント、そして和の美しさ、
それを全面にＳｎｏｗＭａｎともども伝えていきたいなと思います。
あとはやっぱり新橋演舞場を任せていただくので、その劇場を守るという意味でも、
僕らはステージに立ち、お客さんを笑顔、そして幸せな気持ちにさせたいと思います』〈宮舘涼太〉

『『滝沢歌舞伎』は本当に舞台に立つ心構えといいますか、
そういうものを学ばせてもらった作品ですので、
ファイナルどうこうの前に、今年もできることが本当に嬉しいんです。
きっと〝今年もやってくれるんだ〟っていうファンの方もいっぱいいてくださると思うので、
その嬉しい気持ちでやり切りたいと思います』〈佐久間大介〉

9人それぞれの想い、そしてファンの想いを背に、今年の『滝沢歌舞伎ZERO FINAL』は
4月8日に新橋演舞場で開演する――。

目次

1st Chapter

岩本照

Hikaru Iwamoto

— Now & Future —

〝ジャニーズの肉体派〟交友録

『たまに〝本当のパイオニアって岩本くんじゃないの?〟って、
言ってくださるテレビのスタッフさんがいらっしゃるんだけど、
別に俺じゃなくても上田くんや塚田くん、
(菅田)琳寧の誰かが〝ジャニーズの肉体派〟みたいな取り上げられ方をすれば、
自然と俺の名前も連想されるじゃん?
俺はそれでいいと思ってるし、
特に〝上田組(炎の体育会TV)〟で頑張っていた琳寧が、
〝Team SASUKE〟に来てくれたことで、
それまであまり交流がなかった上田くんとも話すようになったし、
だから俺としては別に誰が〝ジャニーズ代表〟的な扱いでも構わないし、
気にもしないんだよね』〈岩本照〉

2月14日に放送された『踊る！さんま御殿!!』（日本テレビ系）の『鍛え上げた無敵ボディvs甘やかしボディSP』に出演したKAT-TUN・上田竜也。

「上田くんは当然〝鍛え上げた無敵ボディ〟派として出演しましたが、番宣からして『**ジャニーズ最強になりたい**』『〝**力加減バカ男**〟**って言われるんです**』──などの発言がピックアップされ、オンエア前から注目を集めていました」（人気放送作家）

上田はご存じの通り、TBS系『炎の体育会TV』で〝ジャニーズ陸上部〟を結成する陸上企画をはじめ、自身でも15年超のキャリアを誇るボクシング企画に〝ガチ〟にチャレンジしすぎて、視聴者をドン引きさせてしまうこともしばしばだった。

そんな上田の愛弟子とも呼べるのが『炎の体育会TV』の菅田琳寧（7 MEN侍）で、菅田は『オールスター感謝祭'22秋』（TBS系）の赤坂ミニマラソンでも優勝。昨年末の12月27日にオンエアされた『SASUKE2022〜NINJA WARRIOR〜』（TBS系）に出場し、これで『SASUKE』には3年連続で挑戦している。

「昨年の結果は1stステージ敗退でしたが、2020年の初挑戦では見事に1stステージを突破。岩本照や塚田僚一もなしえなかった結果を残しました」（同人気放送作家）

『SASUKE』といえばジャニーズ初出場を果たしたA.B.C-Z・塚田僚一と、『SASUKE』へのただならぬ愛を発揮し、ストイックにトレーニングを積むSnow Man・岩本照だろう。

『『SASUKE』は俺に人生を教えてくれた。
『滝沢歌舞伎ZERO FINAL』のインタビューで、「Snow Manは追い込まれてからが強い」——とお話ししているんですけど、それも肉体と筋肉をギリギリまで追い込んでトレーニングをする、『SASUKE』が俺にはあったからこそ、胸を張って言えたセリフ』

まさに岩本にとっては『SASUKE』こそが人生のすべてのように感じさせるセリフだが、その並々ならぬ『SASUKE』愛を証明するかのように、大会に向けての岩本の個人トレーニングは、まるで修行と呼ぶに相応しい厳しさとストイックさに溢れている。
『SASUKE』を知ってから完全に岩本照のライフスタイルは変わったのだという。

『塚田くんもバラエティ番組ではいつもスべってるけど、『SASUKE』に関してはマジだし、年に4～5回は会って食事しながら、お互いの（肉体の）仕上がり具合を報告し合ってるよ。前から上田くんともトレーニング法とか話してみたいことがたくさんあったけど、あの人っていつキレるかのタイミングやスイッチがわかりにくいから（笑）、ちょっとこっちから誘うのが怖かったんですよ。
そんなとき、3年前から琳寧が『SASUKE』に出るようになって、琳寧を介してセッティングしてもらったんです』

それでも自分と菅田琳寧だけでは『後輩だけじゃ怖いから』と、岩本が『きっと同期ぐらい』と思い込んでいた塚田僚一にも声をかける。
すると――

『塚田くんは「俺は亀（亀梨和也）や中丸（雄一）とは同期だけど、上田くんは半年とか先輩だし、年も2つ、3つ上だから怖い」
――とか言って拒否ったんです（笑）』

しかし実際に初めて会った上田は笑顔でボクシングのトレーニング法や〝筋肉を落とさずに減量するコツ〟を岩本に伝授してくれたそうだ。

『「いつでもLINEして来い」――って言われたんで、めっちゃ甘えてます(笑)。
話してみたら上田くんも、
「俺らもSnow Manも〝滝沢チルドレン〟みたいなものだから」って、
前から親近感を感じてくれていたみたいで。
「滝沢くんが可愛がっていた後輩は絶対にストイックだから信頼してる」――とも言ってくれて、
それも嬉しかったですね』

こうして上田竜也との交流がスタートした岩本照。
お互いに〝超ストイック〟な者同士、刺激し合って〝ジャニーズの肉体派〟として、さらに筋肉を磨き上げていって欲しい。

岩本照が得た『脱出島』での経験

向井康二と目黒蓮がレギュラーを務めるTBS系『アイ・アム・冒険少年』の2月6日オンエア回に出演した岩本照。

「当日オンエアされたのは『脱出島！男同士のガチンコ勝負SP』で、岩本くんは友人の歌舞伎役者・尾上右近さんとタッグを組んで出演しました。私などは岩本くんと右近さんの関係は不思議だったのですが、もともと梨園（歌舞伎界）とジャニーズ事務所の関係は深く、ジャニーズ事務所は大阪の松竹座や京都の南座、もちろん新橋演舞場も含め、歌舞伎が上演される劇場で積極的に舞台作品やライブを上演してきましたからね」（舞台制作関係者）

松本潤と二代目中村七之助は堀越高校の同級生で大親友だし、岩本照も『滝沢歌舞伎』で世話になった先輩の三宅健も、片岡愛之助との舞台共演をきっかけに10年近い親交を続けているそうだ。

『共通点としてはジャニーズも歌舞伎界も〝男社会〟で、
お互いにリスペクトし合っているのが大きいかな。
右近さんとは直接会ってゆっくりお話しする機会がなかったので、
今回の『脱出島』のオファーには感謝しています。
いつもボイスメッセージを通してやり取りしていた右近さんは、
自分が思っていた通り芯がしっかりしていて、
伝統を継承しつつも歌舞伎における二刀流を世に広めていく姿をずっとリスペクトしていました。
俺もグループの振付や演出をやらせてもらっていて、
演者と演出の二刀流仲間という感覚を一方的に持っていたので、
『脱出島』で右近さんがかっこいいだけじゃなく、めちゃめちゃ頼れる人だと知れて幸せでした。
もう1回行くとしても右近さんと行きたいので、
康二とめめにはレギュラーの座を守っていて欲しいですね（笑）』

そう話す岩本は2021年12月13日オンエア回で『脱出島』にチャレンジ。

『いくら経験者とはいえ、あの企画は本当に大変なんだよね。
それなのに康二とか――
『大変やとは思うけど、1個言えるのは星、キレイ』
――ってアドバイスするだけなんだよ。
だから心の片隅で楽しみにしていたのに、ロケ日は曇りで星が見えなかったんだよね。
それを知った康二がマネージャーさんに『もう1回行かせなアカン』って言ったのが、
〝2回目に繋がったんじゃないか?〟って言われていて、
もしそうなら「絶対に許さねえ!」って思っていたんだけど、
右近さんと一緒で楽しかったから逆に感謝』

皆さんもご承知の通り、岩本照、向井康二、目黒蓮の3人は、Snow Manの2ndアルバム『Snow Labo. S2』に収録されたユニット曲『HYPNOSIS』を担当したメンバーだ。

同曲はそれぞれが持つ個性がピッタリと重なり、楽曲の世界観を広げてくれていた。この3人の関係性も、バラエティ番組や歌番組に出演した際のやり取り、メンバー9人でのトーク、YouTubeでの企画動画などを見ている限り抜群の相性を誇ると言ってもいいだろう。

さらに3人それぞれが明確な強みを持っていることもバランスの良さ、相性の良さに繋がっていると言えそうだ。

2022年の大ヒットしたドラマ『silent』(フジテレビ系)をはじめ、映画『月の満ち欠け』、『わたしの幸せな結婚』などに出演している目黒蓮は演技力で、『芸能人が本気で考えた!ドッキリGP』(フジテレビ系)のレギュラー出演をはじめ、様々な番組で爪痕を残している向井康二はバラエティ力で、『SASUKE』(TBS系)に欠かせない岩本照は、その美しい肉体と筋肉を武器に。ジャンルはバラバラだが、だからこそ相手をより深く理解し、寄り添い合うことで、チームワークや絆を強くしているのだ。

『そのあたりはあまり深く考えたことはないけど、
リーダーとしては好きに個人活動をすればいいし、
その代わり何かしらグループに還元できるものを持って帰ってくればいい』

Snow Manのリーダーとして語った岩本照。

さて話を戻して、スタートの島から4㎞先のゴールにたどり着くまでのタイムを競う『脱出島』企画だが、岩本と右近は『筋肉×歌舞伎のハイブリットサバイバル』をテーマにトライしたが、とにかく仲の良さが溢れるロケになっていた。

『後で番組を見たとき、脱出用の発砲スチロールを見つけた右近さんが、
『絶対に喜ぶじゃん、岩本くん』——って呟いたんだけど、
そのシーンが特に嬉しかったね。
あと俺は虫が苦手なんだけど、
右近さんは全然平気で森の中とか歩いていくから、
めっちゃ頼もしかった』

また夕食のために海で魚をモリで突く場面でも、右近は『もっと大きい魚を獲って（岩本に）喜んでもらいたい』とチャレンジ。

番組側がテロップで〝バカップル〟とツッコミを入れるほどだった。

『アレ（ツッコミ）はひどいよね。
誰が俺たちを島に置き去りにしたんだよ!?……って話じゃん（笑）。
でもトータルでは楽しかったうえに右近さんとの距離もさらに縮まったし、
ギャラの何倍もいい思いをさせてもらった（笑）。
康二とめめは俺が楽しそうだから不満みたいだけどね。
アイツらは俺を凹ませたかったみたいだから』

気がつけばＳｎｏｗ Ｍａｎもこの1月22日でデビューから丸3周年を迎え、もう「新人だから」と言い訳の利かないポジションにいる。
ジャニーズJr.時代から数えると10年選手を超えるわけで、２０２３年はさらなる飛躍に向かう〝勝負の1年〟と言ってもいいだろう――。

Snow Manが誓う! 〝最大の恩人〟への恩返し

「Snow Manのメンバーは全員があの作品に対して強いこだわりを持っていますが、中でも岩本照くんと深澤辰哉くんの2人は〝『滝沢歌舞伎』に人生を賭けていた〟と言っても過言ではありません。そんな2人が『滝沢歌舞伎ZERO FINAL』に対してどんな本音を持っているのか? そこを聞けたことはとても興味深かったですね」(TBSテレビプロデューサー)

Snow Manの冠バラエティ番組『それSnow Manにやらせて下さい』プロデューサー氏は、今年(2023年)はじめに行われたスタジオ収録の際、メンバーの楽屋を訪ねて岩本照、深澤辰哉に、

「ぶっちゃけ(『滝沢歌舞伎ZERO』)終わること、どう思ってんの?」

――などと、かなり無神経な質問をぶつけたと明かす。

岩本は開口一番――

『作品が『FINAL』になるとかならないとかは別にして、まず言いたいのは、俺たち全員、滝沢くんと『滝沢歌舞伎』に関しては〝感謝〟しかないってことなんです。ネットとかで〝Snow Manもジャニーズを辞めて滝沢くんについていく〟って、事実のように書かれていましたけど、滝沢くん自身きっとそんなことは望んでないし、俺らも「それは逆に感謝の気持ちを裏切ることになる」と思っていて、〝『滝沢歌舞伎』に育てられた俺たちがジャニーズの中で大きくなること〟――それこそが恩返しだと全員思ってます』

――と明かしてくれたという。

「深澤くんも岩本くんの言葉に大きく頷いてましたよ」(前出プロデューサー)

その深澤だが、こんなことを語ってくれたという――。

『みんなは俺たちと滝沢くんの関係をどう見ていたか知らないけど、
俺なんかとにかくずっと〝超怖い人〟のままでしたね（笑）。

『滝沢歌舞伎』をやってきた十何年間、毎日怒られて毎日泣いてましたから。

でもそのアドバイスやお叱りがなければ、大きく言ってしまうと、

「今までジャニーズ事務所にいられたのかな？」——っていうくらいお世話になってきました』〈深澤辰哉〉

『いい意味で本当に〝全力少年〟のような方で、
いつまでたっても子どもの心や好奇心を忘れずに持ち続けている人でしたね。
俺らはジャニーズ事務所に所属する先輩アイドルと後輩Jr.の関係から、Jr.を統括する会社の社長、
プロデューサー、舞台演出家って、いろんな関係性があったじゃないですか？
その歴史の中で、滝沢くんは一貫して表も裏も、スタッフさんやキャストの皆さんを盛り上げて、
みんなが笑顔でいられる環境作りに全力を尽くす人。
だから時には「これやりながらあれもやるんだ？」「これをあの人は1人でやるの？」……って、
自分たちもそれぞれ主演とかをやらせていただくようになってから強く感じてますね。
全力少年でありながら根っからのエンターテイナー』〈岩本照〉

さらに深澤は――

『僕たちのことを親身になって考えてくださいましたし、いろいろ教えてもくださいました。
滝沢くんがずっと座長をやられていた『滝沢歌舞伎』を、
Snow Manが座長として引き継げたことが何よりも嬉しかったし、
俺の中では一番の〝結果〟』

――と語り、岩本照は、

『俺たちSnow Manの根源にあるのは感謝や恩返しの気持ちで、
滝沢くんのおかげで自分たちに興味を持ってくださったファンの方たちもたくさんいらっしゃる。
それと何気ない会話の中でポロっと出る言葉が名言ばっかりで、
メンバーそれぞれが食らって憧れてきました。
どうすれば成長して、大人になった姿を見せることができるか？
やっぱりジャニーズの中で大きな存在になれて、ようやく恩返しの1歩目を踏み出せる感じですね』

二人とも暗黙の了解で自分たちから滝沢氏には連絡をしていないそうだ。

『『滝沢歌舞伎ZERO FINAL』が上演されることをネットニュースとかで見て、
純粋に最後の舞台を見にきて欲しい』〈岩本照〉

『見にきて欲しいし、感想をちゃんと聞いてみたい。
これまでは怒られるばっかりで褒めてもらえなかったし、
まぁそれでも〝背中で語る人〟なので、何も言ってくれないとは思うけど』〈深澤辰哉〉

Snow Manの成長のためにも、ぜひとも滝沢秀明氏には『滝沢歌舞伎ZERO FINAL』の感想を聞いてみたいものだ。

そして『滝沢歌舞伎』に育てられたSnow Manは、最大の恩人への恩返しのためにも、これからさらに大きく成長する姿を見せてくれるに違いない――。

岩本照 フレーズ

『エンターテインメントって常に更新されるものだから、
取り組みとして新たな要素を取り上げるのはいい。
だけどそれは決して流行や斬新さに捉われるべきものじゃない』

斬新だからといって、いいものとは限らない。〝和〟の心を何よりも大切にする『滝沢歌舞伎ZERO FINAL』に臨む岩本照の心の声。

『グループっていうのはさ、1人の言動が全員の人生に影響を及ぼす。
その重みを身に染みて感じたね』

かつてグループに迷惑をかけたからこそ言える、
岩本照の自責の念。

『たとえどんなに苦しいこと、辛いこと、悲しいことがあっても、
ステージの上では常に100%の笑顔でいること。
それがアイドルとしての俺たちの義務』

滝沢秀明氏に育てられたSnow Manのリーダーとして、動揺するファンを安心させる岩本照の言葉。これからもいろいろな雑音が飛び交うかもしれないが、Snow Manはファンに笑顔を届けることだけを考える。

2nd Chapter

深澤辰哉

Tatsuya Fukazawa

— Now & Future —

深澤辰哉、阿部亮平、山田涼介に結ばれた〝同期の絆〟

『確かにゲームは好きだけど、ぶっちゃけ〝得意〟とか〝詳しい〟っていうのは結構盛ってる（笑）。
山ちゃん（山田涼介・Hey! Say! JUMP）は完全にガチ勢だけど、
俺はガチ勢に憧れてる観客側の人間だから』〈深澤辰哉〉

日本テレビ（※関東ローカル放送）でオンエア中の深夜番組（eスポーツバラエティ）『eGG』にゲスト出演した深澤辰哉。

関東ローカルの深夜番組、それも月1回の放送とあって知名度は低いが、実は2018年7月から続く、eスポーツバラエティとしては草分け的な番組。

主に進行役はDAIGOと日本テレビの佐藤梨那アナウンサーで、女優の武田玲奈、A.B.C-Zの五関晃一などがレギュラー出演している。

この『eGG』は、eスポーツにまつわる「人」「ゲーム」「イベント」「ニュース」などをさまざまな角度から斬り、eスポーツを広め、eスポーツの輪をさらに広げていくコンセプトの番組。

今回は深澤辰哉が『ゲームをしている姿をカッコよく撮って欲しい』との〝お願い〟を叶える企画がオンエアされ、eスポーツ専門のフォトグラファーを招いてeスポーツならではの写真の撮り方やカッコよく撮るテクニックを伝授してもらった。

『俺とかマネージャーさんにスケジュールをもらって、即、山ちゃんに連絡したもん。カメラマンの人も話してたんだけど、アイツ、eスポーツ界では立派なレジェンドになっているんだってね!』

――と話す深澤辰哉、そして阿部亮平にとっても「オーディション時代からの完全同期」であるHey! Say! JUMPの山田涼介。正直、超エリートの山田には一時期は完全に置き去りにされてしまったが、同期の絆はずっと変わらない。

そんな山田涼介はYouTube『ジャにのちゃんねる』でもお馴染み、ゲーム配信YouTuberとしてトップクラスの人気を誇っている。

「レジェンドクラスの山田くんは3月4日に行われた人気FPSゲームApex Legendsの大会『SBI Neo festival NEXUM 2023 Apex Legends』に招待選手として出場したほどの〝Apexガチ勢〟です」（人気放送作家）

話を盛っていた深澤は――

『めっちゃゲームに精通しているように見えるポーズや振る舞いを教えてくれ』

――と山田に連絡。

番組では五関とともに発売前のストリートファイター6をプレイしながら、DAIGOや武田玲奈に撮影してもらっていた。

『山ちゃんは「ストリートファイター6をやったことないからわかんないけど……」と言いながらも、「まず目線はいつも鋭く。そして相手を倒しても喜ばず、当然のように振る舞うこと」

――って教えてくれたんだよね。

要するに〝クールに振る舞う〟って感じ』

果たしてDAIGOと武田は深澤の希望通りに〝カッコいい写真〟を撮れたのか?
その判断は、主観ゆえに番組をご覧になった皆さんにお任せしよう。

『山ちゃんはよく知念くんや(中島)裕翔くんと同期に見られるけど、
3人は堀越高校の同級生ではあるけど同期ではない。
裕翔くんは4~5ヶ月先輩で、知念くんは1年先輩。
俺や阿部ちゃんから見ると、3人ともJr.入ってすぐにブワ~ッとバカ売れだったけどね。
山ちゃんと阿部ちゃんは俺の1コ下だったけど、
よく阿部ちゃんと2人で「山ちゃんって天使みたいに顔が綺麗」――って感動してたよ』

そんな山田は深澤と阿部に『恥ずかしいから外では言わないで』と釘を差したうえで、Snow Manのデビューが発表された直後、お祝いの食事会を開いてくれたという。

『山ちゃんの食事会、7~8人しか入らないお鮨屋さんを3人で貸し切りにしてくれて、
あそこはきっとめっちゃ高級店だと思う。
山ちゃんはいかにも常連さん風だったから、
阿部ちゃんと2人で、
「俺たちもあんな店の常連になれるぐらい売れようぜ」――って語り合って、
めっちゃモチベーションが上がったよ。
きっと山ちゃん、俺たちに火が点くのも計算していたと思う。
わかるんだよ、同期だから』

eゲームを盛った話で終わるのかと思ったら、なんて素敵なエピソードを披露してくれんのさ！

そして深澤辰哉は、自ら『4~5ヶ月先輩』と話した中島裕翔とも良い関係を築いていたのだ。

中島裕翔と深澤辰哉の今も変わらない絆

『『ノンストップ!』木曜日の隔週レギュラーになって、もうすぐ1年。

フジテレビの番組だから、いつかこんな日が来ると思ってたよ』〈深澤辰哉〉

フジテレビ系平日午前の生活情報番組『ノンストップ!』。

この2月にはHey! Say! JUMP・中島裕翔が、芸能人オススメの行きつけ店を紹介する『行きつけ教えます』コーナーに出演。連日完売と噂の一日50箱限定販売の〝ザ・プレミアムビターキャラメルバー〟を紹介した。

先ほどのエピソードでもお話ししているが、2004年3月28日にジャニーズJr.に入所している中島裕翔は、同年8月12日に入所している山田涼介、深澤辰哉、阿部亮平の4ヶ月ちょっと先輩にあたる。

『いつも俺が出演する日に、
「ジャニーズの先輩や後輩、仲間が出演する日が来ると嬉しいな～」って思ってたけど、
今回の裕翔くんは月曜日だったじゃない。
それでもスタジオに行きたかったけど、
残念ながらメッセージだけになっちゃった（苦笑）』

もう20年近いつき合いになる深澤辰哉と中島裕翔。
深澤は中島に宛てたメッセージで——

『僕のほうが年上だけど、当時から僕よりもしっかりしていた。
仕事でも大事な役割をたくさんやっていました。
僕の実家がジュニアの遊び場で、
裕翔くんもご飯を食べたり遊んだりしていました』

——などのエピソードを明かしてくれた。

対する中島も――

『(知り合ってから) 長いんですよ。
Jr.の頃に一緒にやっていたグループ (J.J.Express) で同じメンバーだったので、
こういう風にすごくありがたく言ってくれてますけど、
僕よりお兄ちゃんがたくさんいたので、
無邪気にはしゃいでた〝手のつけられない子ども〟だったと思うんですよ。
ふっかのお家に行くと〝行った人のうちわを家に飾ってもらえる〟っていうのがあって、
歴代遊びに来た人たちのうちわが飾ってあるんですよ。
だから俺も「じゃあふっかのお母さんにうちわ買ってもらいたいから遊びに行こう」って。
それでご飯をいただいたりとか、遊ばせていただいたりとかしてました』

――と懐かしそうに振り返り、途中で設楽統が「中島くんがジャニーズで、深澤くんがジョニーズ?」とボケると、キッチリ『そうです。ジョニーズ』と乗って返していた。

『確かにウチは遊びに来た人のうちわを飾っていた（笑）。
J．J．Expressでは一緒でしたけど、裕翔くんはアッという間に巣立っていきましたから。
同じメンバーだった時代、他にも伊野尾（慧）くんや有岡（大貴）くん、髙木（雄也）くん、
ハッシー（橋本良亮・A．B．C‐Z）、（森本）龍太郎くんもいましたね』

確かに中島裕翔はその時代、単独で連ドラの『エンジン』（フジテレビ系）、『野ブタ。をプロデュース』
（日本テレビ系）、そして『24時間テレビ』のSPドラマ『小さな運転士 最後の夢』に出演し、
天才子役の一人としても注目されていた。

『今回『ノンストップ！』で嬉しかったのは裕翔くんが、

「ふっかもすごいしっかりしていると思うので、
すごく面倒を見てもらってたなという感じでした」――って言ってくれたこと。

でも設楽さんに「今はあんまりご飯食べたりとか（はしてないの）？」と聞かれて、

「今は全然。連絡先も知らないです。ジョニーズなんでやっぱり」と笑いに走ったのは納得いかない。

どうせならキレイな思い出トークのままで終わればいいいんじゃない（笑）？』

ちょっぴり不満を溢す深澤辰哉だが——

『裕翔くんが「また連絡先とか交換してご飯とかしたいですね。本当に今、接点なくて。
楽屋とかですれ違って〝久しぶり〟って言うくらい」と言ってくれたので、
これは山ちゃん（山田涼介）に連絡して「裕翔くんに俺の連絡先、渡しといて」——って頼もうかな。
本当は（ジャニーズ事務所のルールとして）マネージャーさん通さなきゃいけないんだけど』

また番組内のメッセージでは、中島裕翔に『アイドルしている姿もいいですが、お芝居している姿好きです』と送った深澤辰哉。


『それはもう普通に誰でもそう思うでしょ。

特に俺とか同じユニットのメンバーが〝月9〟に出て木村拓哉さんや小雪さん、堺雅人さん、
松下由樹さん、上野樹里さんとかと普通にお芝居で絡んでるの見てるんだから！

あのときは有岡くんも出てたけど、結構な衝撃でしたね。

他のメンバーはドラマに出るのを知らなかったから』

しかしその深澤のひと言に、設楽が「深澤くんがお芝居している姿はあんまり見れないのかな?」と振ると、要領を得ていた中島は――

『見ないっすね。やっぱりジョニーズなんで。（出ても）あんまり見ないようにしています』

――と返して爆笑を。

さらにスピードワゴン・井戸田潤が「彼はやってないから、あんまり」とボケを被せると、中島は『みんなイジリが止まらない』と笑いながらも――

『愛されてるな、ふっか! 愛されてるな!』

――とまとめていた。

『いや、最後のフォローは胸にジンと来たし、
「さすが2004年の夏から19年のつき合いだわ」――って涙が出そうになりましたよ。
裕翔くんとの思い出が走馬燈のように……って、
俺もう寿命とか!?』

中島裕翔と深澤辰哉の絆は、これからもずっと続いていくことだろう――。

深澤辰哉&渡辺翔太の〝ボロいい宿〟体験

深澤辰哉と渡辺翔太が出演したバラエティ番組『全国ボロいい宿』(TBS・HBC系)。

『正直なところ、最初は個人的にも〝ボロい〟って言葉を使いたくなかったんですよ。
だってこっちはロケをさせてもらっている立場だからね。
いくら〝見た目はボロくても最高にいい宿〟を紹介する番組とはいえ、
初めて会う方に「こちらがボロいい宿ですか?」——とは言いにくいじゃん』〈深澤辰哉〉

そんな葛藤(?)を抱えながらロケに臨んだ深澤辰哉だったが、ロケが進むにつれ『シンプルにいい宿だった』と見方が変わっていったそうだ。

『そもそも多様化のこの時代、思っていても〝ボロい〟なんて言葉、
なかなかテレビで使えないじゃないですか？
実は『ノンストップ！』でお世話になっている設楽さんに――
「今度ボロい宿のロケに行くんですけど、
そういうロケの場合、傷つけない言い回しのコツはありますか？」――って相談したんです。
そうしたら設楽さんも、
「わざわざ〝ボロいい宿〟ってテーマなんだから、
本当にえげつなくボロい宿が出てきそうだね」
……と心配してくださって』

設楽に相談するほど不安だったロケだったが、いざ現場に入ってみると想像とは真逆の光景が待っていたという。

『素直に「絶対来たほうがいいのに」という気持ちになりましたし、見た目がボロいからどうこうじゃなく、大切なのはその宿に来て自分の気持ちがどう動くか、どう感じるかだと実体験として理解することができました。見た目はボロボロでも予約が殺到する〝ボロいい宿〟の魅力がわかったし、宿の場所が高齢化率全国トップで「消滅する可能性が最も高い」と言われている群馬県の村なので、この番組をきっかけに〝村おこし〟とかに繋がると最高の気分』

――と話す深澤。

『ちょっと潔癖症なんで、ボロい宿はダメ系なんですよ』

ロケ出発前は文句をこぼし、現場入りした瞬間も、テンションだだ下がりだった深澤辰哉と渡辺翔太。

「現場は築70年の古民家をご主人が改装して開いた宿。ご主人に宿の中を案内してもらいながら『ボロい』を連発していましたが、目的は〝ボロいいポイント〟を見つけること。この手の難しいロケを上手くこなせてこそ、次の仕事に繋がるわけです」（人気放送作家）

深澤自身も触れていたが、この地域は住人のほとんどが80歳以上の高齢者で、子どもはひとりもいない。それでもこの宿ならではの良さを求めて全国からたくさんの家族連れがやってくるという。


『簡単にいうと、都会では経験できない田舎体験だよね。

ご主人手作りの温泉も満喫できるし、まさに身も心も温まる体験を重ねることができた。

ご主人が地下に作った〝秘密基地〟は男の憧れ』〈深澤辰哉〉

『「どれだけボロいんだろう? 照ほどじゃないけど、虫が出たら嫌だな~」と思ってました。
でもご夫婦の人柄の良さが格段に際立っていて、
日本中のお客さんに愛されているわけがわかりました。
正直、こんなにも幸福度が上がるロケになるとは思ってもいなかったです』〈渡辺翔太〉

噂によればSnow Manファンからの問い合わせが殺到し、早くも〝聖地〟扱いされているとか。
でもこの番組をきっかけに村おこしや注目が集まることは、深澤辰哉と渡辺翔太にとっても喜ばしい現象だろう――。

深澤辰哉 フレーズ

『俺とかJr.を長くやってたから、
喜びとか楽しさ、嬉しさを感じるとき、
そこに同じ価値観で分かち合える仲間がいるかどうかのほうが、
重要だったりする』

仲間がいてこその自分、その気持ちが人一倍強い深澤辰哉。それは同じ価値観で喜びを分かち合える幸せを知っているから。

『俺にとって何が大切かっていうとさ、
もちろん滝沢くんのアドバイスのおかげもあったけど、
〝Ｓｎｏｗ Ｍａｎ〟って船に乗った以上は「決して途中で船を下りない」
――って決めたこと』

岩本照同様、滝沢秀明氏に育てられた深澤辰哉の本音。
自分の運命はＳｎｏｗ Ｍａｎ、そしてファンの皆さんとともにある。

『「これから先、自分がどんな人間になるか？」
——それを決めるのは経験よりも場面場面の選択にかかっている気がする』

ジャニーズのアイドルに限らず、芸能人にとって最も重要なのは〝選択を間違えない〟こと。人は誰もが岐路に立たされるが、そこでの選択こそが成功を呼び込むのだ。

3rd Chapter

ラウール

Raul

— Now & Future —

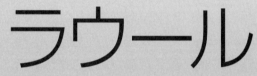

ラウールとあの先輩が〝夢の共演〟!?

2022年6月にオンライン配信で開催された『YOHJI YAMAMOTO POUR HOMME 2023 Spring Summer』でパリコレクションデビューを飾ったラウール。


『今年の1月、ようやくパリまで行けて、ランウェイモデルとして、『Yohji Yamamoto POUR HOMME 2023-24 A/W(AUTUMN/WINTER)Collection』に参加することができた。

Instagramの公式アカウントを開設することもできて、こっちもすぐに100万人以上のフォロワーさんが集まってくれた。

……といっても日本人1位のTWICE・MOMOさんのインスタフォロワーさんは、1,020万人以上だからね。

まだまだ上には上がいるから頑張らないと』〈ラウール〉

オシャレすぎるラウールのInstagramは、完全にモデル活動を意識したものだ。

今年の6月27日に20才の誕生日を迎えるラウールにとって、十代ラストのランウェイになりそうなのが、3月4日に国立代々木競技場第一体育館で開催された『第36回マイナビ東京ガールズコレクション(TGC)2023 SPRING/SUMMER』だ。

ラウールは2019年3月30日、横浜アリーナで開催された『マイナビ presents 第28回東京ガールズコレクション 2019 SPRING/SUMMER』に初参加して以来、今回の『第36回 マイナビ 東京ガールズコレクション 2023 SPRING/SUMMER』まで、TGCのランウェイを歩いている。

『ただ歩くだけじゃ意味がなくて、毎回〝俺なりのテーマ〟を心の中に掲げながら臨んでるよ。
それが『YOHJI YAMAMOTO POUR HOMME 2023 Spring Summer』に繋がったんだし、さらに言えば、そこでも認めてもらえたからこそ、
次の『Yohji Yamamoto POUR HOMME 2023-24 A/W(AUTUMN/WINTER)Collection』にも繋がったと確信している』

そんなラウールは男性モデル代表の一人として、TGCのオリジナルキービジュアルにも名を連ねている。今回は迷彩柄のワークパンツに黄色のワークベストを合わせたミリタリーカジュアルと、オールブラックの衣装の中にレースやシースルーアイテムを取り入れたセンシュアルなスタイルの2点だ。

『迷彩のキービジュアルの評判がよくて、僕もなかなか普段はしないスタイルだけに楽しめた。いわゆる両極端系のファッションだけど、ポイントはそれぞれの表情や全体の表現力を見て欲しい』

初登場から5年目、十代ラストのTGCでモデルとして一つの完成形を見せようとしていたラウールのもとに、2月下旬、とんでもない情報が飛び込んできたのだ!

『TGCの歴史上、これだけ他力本願でステージを歩くモデルはいなかったと思います』

——と公式コメントを出したのは、なんとKAT-TUN・中丸雄一。

ラウールが十代ラストなら、なんとこちらは〝30代ラスト〟で『第36回 マイナビ 東京ガールズコレクション 2023 SPRING/SUMMER』に初出演することが決定したのだ。

最初に結論からお話しすると、中丸雄一がレギュラー出演する日本テレビ系『シューイチ』のワンコーナー『まじっすか⁉』の企画で、およそ4ヶ月前から中丸が〝死ぬまでにやりたいこと〟を叶える新企画として、TGCへの出演企画『めざせ! ファッショニスタ中丸』がスタートしていた。
そして2月26日放送された『シューイチ!』の中で、『マイナビ TGC 2023 S/S』への出演決定が正式発表されたというわけだ。

『あまりこんなこと言いたくはないけど、
毎回、芸人さんとかタレントさんが出演する枠が確かにあるんだけど、
今回の中丸さんはかなりマジに出演するらしくて、
衣裳だけじゃなくて音楽や照明、演出をプロデュースするらしいよ。
相手は年令も倍の大先輩だから何も言えないけど、マネージャーさんを通して、
「ラウールの意見が聞きたいからミーティングの時間を空けてくれ」――って言われたんだけどさ。
僕、お笑い演出のアイデアとか持ってないよ(苦笑)?』

――そう苦笑いのラウールだが、一方の中丸はかなりマジなんじゃないの?

『中丸さんの気持ちはわかるけど、
失礼ながらこれが亀梨さんなら僕も真面目に対応するけど、
衣裳から音楽、照明、演出をプロデュースって聞いたら、
完全に〝バラエティ仕様のパフォーマンス〟じゃん。
僕の進んでる道とは真逆だからね（笑）』

ラウールと中丸雄一、夢の共演は果たして……？

ラウールが画策する〝ジャニーズモデル部〟設立

『阿部くんのジャニーズクイズ部に対抗して、
「〝ジャニーズモデル部〟を作ろう!」――って、みっちーと盛り上がった』〈ラウール〉

2023年の新年早々、テレビ界ではSnow Man・ラウールとなにわ男子・道枝駿佑の話題で持ちきりだったという。

まずラウールはモデル活動の充実。昨年6月はオンライン配信での参加となったパリコレ『YOHJI YAMAMOTO POUR HOMME 2023 Spring Summer』だったが、この1月には『Yohji Yamamoto POUR HOMME 2023-24 A/W Collection』で、堂々と念願だったパリ会場のランウェイを歩いた。

そして道枝駿佑は、映画祭ではなく韓国国内での主演映画ヒットによる舞台挨拶で現地を訪れたのだ。

「韓国の映画祭といえば釜山国際映画祭の名前が真っ先に挙がりますが、今回の道枝くんは福本莉子さんとW主演した映画『今夜、世界からこの恋が消えても』の韓国大ヒットを受け、日本ではしばしば行われる〝ヒット御礼挨拶〟の韓国バージョンで訪れたそうです。韓国でもアニメ映画『THE FIRST SLAM DUNK』が爆発的に大ヒットしていますが、『スラダン』の前は『今夜、世界からこの恋が消えても』が大ヒットしていたと聞いています」（人気放送作家）

韓国語で「おかしくなりそう」という意味の言葉「ミチゲッタ」と道枝の苗字をかけて、現地では「ミチゲッタシュンスケ」と呼ばれるほど熱狂的なファンがついている道枝駿佑。またさらにお隣の中国でも道枝の渡韓が取り上げられ、「中国で公開されたら絶対にヒットさせよう！」とファンが動いているようだ。

そんな道枝のニュースを耳にしたラウールは――

『アジア進出はみっちーのほうが早かったね』

――と、やや嫉妬の感情の入り交じった（?）エールを贈っている。

そして冒頭のセリフにもあるように、『〝ジャニーズモデル部〟を作ろう!』と道枝と盛り上がったというではないか。

確かに道枝とラウールの共通点といえば、グループの中で最も身長が高いこと。

道枝はこの1月、なにわ男子の冠ラジオ番組『なにわ男子の初心ラジ!』(ニッポン放送)の中で、身長が180センチに到達したことを明かしている。

『ウチ(Snow Man)でいえば僕、めめ、照さんの3人が180㎝を超えているし、SixTONESのジェシーくんにも声をかければすぐに180㎝超えの部員が5人揃う。

阿部くんのクイズ部って今7人ぐらいいるらしいけど、クイズ番組を見ていたら、ちゃんと戦力になってるのって、阿部くんと(川島)如恵留くんだけじゃん?

あとのメンバーって、なかなかの確率で簡単な問題しか答えられないよ(笑)』

——とかなり正確な分析をするラウールだが、正直すぎると怒られるぞ(苦笑)。

『その点、モデル部はみんな踊れるから体幹がしっかりしてるし、体幹がしっかりしていればウォーキングもすぐに上手くなる。

他にも先輩方だけどHey! Say! JUMPの（中島）裕翔くんや、ジャニーズWESTの藤井（流星）くん、小瀧（望）くんもイケる』

すでにファッション誌の専属モデル、レギュラーモデルを務めるメンバーの名前もあるが、掘れば掘るだけ――

『クイズ部よりも将来性あるんじゃね？』

――と無邪気なラウール。

ちなみに『みっちーと盛り上がった』のは単なる雑談で、今のところ誰一人として〝ジャニーズモデル部〟の部員になってはいない。

果たして〝モデル部〟設立なるかどうか、今後に期待して見守ることにしよう――。

〝学業と仕事の両立〟ラウールが明かした本音

『いろいろと噂されていることはマネージャーさんに聞いて知ってたよ。
でも大学に入るとき、仕事をセーブしてもらえるように頼んだのは僕のほうで、
海外で仕事をするときも通信教育課程だったら勉強もできるから、
それで選んだ部分もあるし』〈ラウール〉

去年の春に高校を卒業後、早稲田大学人間科学部・健康福祉科学科（通信教育課程）に進学したラウール。

大学に進学していたこと、そして海外で仕事をするときも通信教育課程だと大きな妨げにならないから進路を選んだこと、さらに学業と両立しながら活動を継続しているものの、その仕事量に関してはラウールの意向により〝学業優先を貫くために減らせるものは減らす〟方針であったことなどが、昨年の末、ラウールの口から改めて語られたのだ。

『僕の露出が減ったことを凄く心配して、
ファンの皆さんがSNSでいろんな意見を戦わせているって聞いて、
正直に言って驚いたけど、ちょっと考えれば〝あえて〟黙っていた僕が悪いんだよな……って』

あまり知られてなかったが、ラウールは〝ハーフの先輩〟である元Sexy Zoneのマリウス葉に積極的に相談を持ちかけ、大学進学についてのアドバイスをもらっていたそうだ。

『マリウスさんは上智大学の国際教養学部で、
「普通に大学に通いながらSexy Zoneをするのがすごく大変だった」――って話していて、
僕みたいに海外でもモデルやアーティスト活動をやってみたい人間には、
「リモートやパソコン講座で単位が取れる通信教育課程が合うんじゃないか」
――って勧めてくださったんですよ。
だけど当時のSnow Manはもう大学を卒業していたメンバーはいたけど、
学生でアイドル活動と両立させなきゃいけないメンバーはいなかったから、

マリウスさんからアドバイスをもらいながら、
自分の将来や活動に関するビジョンをレポートにまとめて事務所に提出したんです。
そうしたら事務所の方も「頑張れ」って認めてくださって。
マリウスさんも2022年一杯で芸能界を引退することになったから、
マリウスさんの話も込みで大学在学中の活動のビジョンとか話す気はなかったんですけど、
ファンの皆さんの中には「めめばっかりお芝居の仕事を入れないでラウールにも回して欲しい」とか、
MEN'S NON‐NOさんのレギュラーモデルから下りたことを邪推されたりしたから、
すべて〝自分の意思〟であったことは言っておきたかった』

キッパリと自分の意思を明かしたラウール。
要するにラウールのほうから『学業優先の期間は仕事をセーブしたい』申し出があったということで、
それは大学を卒業する2026年春まで続くということでもある。

『確かにファンの皆さんには寂しい思いをさせてしまうかもしれないけど、
これはラウールって人間が将来的に大きくなるためだし、
ちゃんと説明しなかった自分が悪いのもわかってる。
それでも、できたら口にしたくはなかったんだけど、
今は自分のワガママで勘違いされたり周りに迷惑がかかったりしているから、
一度は明かさなきゃいけなかった。
僕は自分の意思で仕事をセーブしているのであって、
何か他の理由で〝干されて露出が減った〟なんてことはあり得ない（苦笑）』

先ほども『ジャニーズモデル部を作ろう！』と道枝駿佑と盛り上がったエピソードをご紹介したが、そのMEN'S NON - NOには新たに道枝駿佑が隔月レギュラーとして加わった。

それについてもこう話す。


『みっちーが僕の代わりに入ったんじゃなく、みっちーはみっちーで選ばれて起用されただけ。

たまたま2人とも隔月レギュラーなだけ』

一部のファンがSNSで「みっちーは事務所に推されているからラウールの座を奪った」などのネガティブな噂、悪意のある邪推は真っ向から否定した。

『僕は自分からあれこれ説明しなくても、
「4年後に成長して帰ってくればそれでいい」――なんて考えていたけど、
それは僕の誤りだったんだね』

素直に自らの過ちを認めるラウール。
自らの意志の下に、学業と仕事の両立を目指すラウールの学生生活を応援しようじゃないか！

ラウール フレーズ

『そりゃあめちゃめちゃショックだったけど、
ちゃんと僕らを集めて説明してくれたし、
僕らもシッカリと自分の足で歩かなきゃいけない。
これから先、恥ずかしい姿や情けない姿は見せられないからね』

このラウールのセリフが〝誰のこと〟を差しているのか?……
皆さんにはおわかりいただけると思う。一番の恩返しは自分と
Ｓｎｏｗ Ｍａｎが大きくなることだ。

『ライブツアーで地方に行ったとき、
特に福岡に行ったときはみんな本当に食べまくるからね。
だから福岡から帰ってくると、ガチに体重が1～2キロ増えてる。
北海道とか大阪とかご飯の美味しい街は他にもあるのに、
なぜか福岡だけは太って帰ってくるんだよね』

それは「朝方までとんこつラーメン店を3軒も4軒もハシゴするからだよ!」とガチにツッコんでおくけど、他にもラウールの自己診断としては『ツアーで地方に行くと精神的に解放されて油断するんだよね』——からだとも。

『毎日がすげぇ目まぐるしくて、
今何の仕事をやっているのかわからなくなるときもある。
でも忙しければ忙しいほど、余計なことを考えなくて済む。
だからマネージャーさんには、基本的には俺発信のＮＧは出してないよ』

自分指名でいただいた仕事には『できるだけ対応したい』と話すラウール。その理由が「忙しければ忙しいほど、余計なことを考えなくて済む」からだという。今は自分からのＮＧはナシ。ただひたすら前を向いて前進するのみだ。

4th Chapter

渡辺翔太

Shota Watanabe

— Now & Future —

それ渡辺翔太だとおいくらですか？

『そう言われれば、確かに俺、六本木のサウナ入口で（向井）康二と写真撮られたよね（苦笑）。
でもサウナにハマってるのはその前からだし、慎吾さんとも結構古い（おつき合い）よ』〈渡辺翔太〉

一瞬、皆さん「どこの慎吾さん？」とビクつかれたかもしれませんが、渡辺翔太がここで言う〝慎吾さん〟とは、オリエンタルラジオ・藤森慎吾さんのこと。

お笑いタレントで元吉本興業所属だった藤森さんだけど、10年以上前から〝ジャニーズサウナ部〟の部長、TOKIO・松岡昌宏くんとはサウナ仲間で、さらには「プライベートで一緒にサウナ行ったりはキスマイ（Kis-My-Ft2）の千賀（健永）くんとか。あっ、同じサウナで何度か会ってるのはSnow Manの渡辺くん。相葉（雅紀）くんや風間（俊介）くん、関ジャニ∞のヨコ（横山裕）にも会ったことあるね」などと、ジャニーズアイドルとの交友録を明かしてくれたこともあった。

『慎吾さんはテレビで見るチャラ男の慎吾さんとは180度違って、
かなりガチに整うタイプの真面目なサウナーですね。
あんまりプライベートの素顔をバラすと営業妨害になるけど、
高温サウナに30分近く入っていて、いつも汗ダクダクで（サウナ室から）出てくるから』

渡辺とはサウナ以外にも、美肌キープの〝乳液トーク〟でも盛り上がるらしい。

『芸人さんって美肌に無頓着なイメージあるし、
しかも慎吾さんってキャラ的にもパーティー好きのチャラ男じゃん？
お酒をガンガン飲んで夜遊び夜更かしサイコーってタイプだと思っていたから、
普通は美肌キープとは正反対だから。
そういえば慎吾さんがよく一緒にサウナに行く千賀くんも、
俺が美容男子ぶりを全開にアピールするまでは、
若手ジャニーズの〝美容好きキャラ筆頭〟みたいな扱われ方だったもんね。
そんなお二人がサウナ仲間って聞くと、俺なんか妙に納得しちゃう』

実際にサウナで顔を合わせた藤森は自分よりも10分近く先に上がっているはずなのに、渡辺がサウナを上がった頃でもパウダールームの真ん中にデンと陣取り、ペチペチと乳液で念入りに顔面マッサージを行っていたそうだ。

『何回も一緒になったわけじゃないから、いつもそうなのかはわからないけど、ジャニーズでいえばHey! Say! JUMPの有岡くんタイプ。有岡くんもよくトラジャ（Travis Japan）の宮近（海斗）を連れてサウナに来るけど、パウダールームでずっと乳液ペチペチやってるもん』

そんな渡辺翔太が最近『あのテクニックを身につけたい』と小声で話すのが、サウナ室で一気に室温を上げてくれる〝熱波師〟のテクニックだという。

〝熱波〟とは正しくは〝ロウリュ〟のことで、フィンランドサウナの入浴法の一つ。熱したサウナストーンに水をかけ、吹き上がった水蒸気（熱波）をタオルなどで扇いで室内に行き渡らせ、体感温度を上げて発汗作用を促進させるもの。

そんなロウリュを行なう熱波師に憧れる渡辺翔太が挑戦したのが、『それSnow Manにやらせて下さい』(TBS系)の人気企画で、メンバーの価値を査定されるクイズ『それSnow Manだとおいくらですか?』だった。

『それSnow Manだとおいくらですか?』は、Snow Manがそれぞれの特徴をいかしてアイドル以外の職業で働いたら一体いくらで雇ってもらえるのか、リアルな価値が査定されるクイズ企画。査定されるメンバーの能力を鑑みて、いくらで雇ってもらえるのか金額を予想する。

渡辺は近年のサウナブームで大注目の職業〝熱波師〟の査定に挑戦した。

『ガチでサウナ室の温度が100℃超えだったからね。
サウナに入るときはただ室温に耐えてジッとしているだけでいいけど、
こっちはタオルぶん回して熱波を送らなきゃいけないからさ。
お客さんを楽しませるパフォーマンスも考えながらやってたし、結構な過酷さだったのに……』

この口振りでは査定額の「25,000円」にやや不満……なんだろうね(笑)。

渡辺翔太と目黒蓮の〝対等に、高め合う〟関係

『自分で言うのも何だけど2022年の年末はかなり充実していて、
それはCDデビューしてから特に大きく変わったことがあったわけでもないんだけど、
2020年、2021年、2022年と3回目の年末になったから、
精神的にもいい意味での余裕を持てたというか、そういう変化は確実にあったと思う』〈渡辺翔太〉

2022年の年末は全国ツアー『Snow Man LIVE TOUR 2022 Labo.』完走から『ミュージックステーション ウルトラSUPER LIVE 2022』への出演、YouTubeチャンネルでの生配信、『第73回NHK紅白歌合戦』出場、『ジャニーズカウントダウン2022→2023』でファンの皆さんと年越し——と、2022年の年末も全力で駆け抜けたSnow Man。

2023年を迎えてからは少し落ち着き、正月は家族と過ごしたというメンバーの声が聞こえてきた。

『俺はめめと富士山を見に行って、正月はほとんど一緒に過ごしていたよ。
「初日の出はカウコン終わりからじゃ時間的に無理でも、
1月2日の日の出は間に合うんじゃない?」――なんて、
無謀にも〝富士山登山にチャレンジするか!〟的なノリになりそうだった。
ちゃんと回避してよかったけど、
めめが潤んだ瞳で「(富士山に)登ってみない?」――って言ってきたとき、
思わず首を縦に振りそうになったよ(笑)。
実際に登る登らないは別にして、あのめめが一度は「登ってみない?」って言うんだもん。
めっちゃ逞しくなったよね』

皆さんもご存じの通り、渡辺翔太と目黒蓮の間には年齢で4学年(※目黒蓮は早生まれ)、入所時期で5年3ヶ月ほどのキャリア差があり、どこからどう見ても2人は先輩後輩の関係だ。
しかし目黒がSnow Manに加入する以前から渡辺は後輩の目黒を可愛がっていて、プライベートでも特別な親交があったという。

「目黒くんから見た渡辺くんは〝スマートな大人の男〟で、目黒くんが成人してから渡辺くんに連れていってもらったイタリアンで、『メニューの注文の仕方もワインの選び方もめっちゃスムーズかつスマートで、俺なんか思わず見とれちゃいましたよ』――と感動して興奮気味に話してくれました。『どの角度から見ても、〝この人はシンプルにモテるな〟って感じた』とも話し、渡辺くんを単なる先輩に留まらず〝憧れの男性〟として見ていましたね。今でも、年令もキャリアも超えた関係性はキープしたままだと思いますよ」（テレビ朝日プロデューサー）

それは今年の正月の過ごし方を見ればわかる。

「目黒くんによるとSnow Manとしてデビューが決まってから、渡辺くんのほうから目黒くんに『これからは対等に、高め合う関係でいよう』――と話してくれたそうです。以降は〝共に歩む同志〟へ。以前、まだParavi配信時代の『それSnow Manにやらせて下さい』の企画で、メンバーが1人ずつ感謝の想いを伝えていくという場面で、渡辺くんが目黒くんに『思ったことをちゃんと言葉にすることができる部分を尊敬している。俺が歌を上手く歌えずに悔しがっているときには、いつも最初に普通の日常会話で接してくれる人間力の高さに感謝してる』――と言われ、本当に嬉しかったそうです。そんな目黒くんは渡辺くんに『お前はそのままでいいんだよ』――とグループ加入当初から認めてもらえたからこそ〝ありのままの自分でいられる〟と感謝したそうです」（同プロデューサー）

渡辺翔太はその歌唱力を武器にSnow Manのボーカルを長年支えていて、そこにバラードを中心に歌声の存在感を高めてきた目黒蓮の声が重なることで、ラウールとはまたタイプが異なるボーカルラインを形成している。

その姿こそが、まさに渡辺翔太が『これからは対等に、高め合う関係でいよう』と願った形ではないだろうか。

『……まあそんな大袈裟な話でもないんだけどさ（笑）。
せっかく同じグループになったんだから、一生懸命にやりたいじゃん。
先輩後輩がどうとかって、そこに気を取られるといいパフォーマンスもできないしね』

目黒蓮との関係性についてそう話す渡辺翔太。

おそらくそのあたりは渡辺翔太の〝人〟としての懐の深さではないだろうか――。

気にしていないようで気にしてる〝あべなべコンビ〟

『ラジオで阿部ちゃんのことをいきなり〝亮平〟って呼んだときは、結構反響があったみたいだね。

照、辰哉、涼太、亮平、大介、蓮、康二、ラウールはラウール――

こうして改めてメンバーの下の名前を並べてみると、俺がメンバーを下の名前で呼んだ回数って、辰弥と大介が圧倒的に少ないかな。

大介とか普通考えるとめっちゃ呼びやすいはずなのに、さっくんはさっくん。

〝ふっか〟もむしろ、〝辰哉〟より〝ふっか〟のほうが呼びにくくない⁉

不思議だよね、人の呼び方って』〈渡辺翔太〉

渡辺翔太が〝ラジオ〟というのは、Snow Manの冠番組『不二家 presents Snow Manの素のまんま』（文化放送）。毎週、週替わりメンバーが2人から3人出演し、リスナーからのハガキをもとにトークを展開するオーソドックスなラジオ番組だ。

『最初は俺らのデビュー直前、2019年10月クールにスタートした、
『Bioreふくだけコットン presents Snow Manの「素のWoman」』(文化放送)で、
デビューした2020年1月から『不二家 presents Snow Manの素のまんま』に
リニューアルされたんだよね。
俺らは本当、デビューのときから不二家さんにはめちゃめちゃお世話になってる。
そのあたりの目まぐるしい展開はさておき、
俺もメンバーも〝自分の番組で自分たちの曲を流す〟ことにスゲー憧れていて、
それがまさかデビュー曲で叶うなんて思ってもみなかった。
テレビのレギュラー番組も嬉しいけど、やっぱりラジオは完全に想像力の世界というか、
それこそ「今何をしながら、どんな格好で聴いてくれているのかなァ～」って、
俺らも想像しながら喋ってるし、
リスナーのみんなも「今メンバー同士、どんな顔して話してんのかなァ～」と、
想像しながら聴くことが楽しいんじゃない?
俺がいきなり〝亮平〟と言ったときの阿部ちゃんの表情とかさ(笑)。
みんなにも見せてあげたかったよ』

ラジオについての想いを語る渡辺翔太。


『阿部ちゃんはふっかと同期で、俺と舘様、さっくんから見るとカッチリ1年先輩なんだよね。

さらにいえば俺が11月5日生まれで、阿部ちゃんが11月27日。

同じ11月生まれの親近感はあるんだけど、
これで阿部ちゃんも俺と同じく1992年生まれだったらよかったのに学年は1学年下。

俺がJr.に入ってすぐの中1の頃とか、先輩でも小6の阿部ちゃんに対しては、
素直に〝阿部くん〟とか呼べなかった記憶がある。

「何だよお前、先輩のクセに小6かよ!」――みたいな。

「でも小6にしては老けてんな!」とか(笑)。

あれからお互い、長いよな~』

〝年下の先輩〟問題は、体育会系のジャニーズでは最もポピュラーな「あるある」の一つだろう。

「渡辺くんは『阿部ちゃんとは共通点がなさすぎて困る。とにかくあっちは頭いいし私生活も真面目すぎるぐらい真面目だからさ』——などと嘆いていましたが、2年ほど前にようやく〝通っているジムのトレーナーさんが同じ〟という共通点を見つけたそうです。しかしお互いにそのトレーナーさんに相手のトレーニング法や『ベンチプレス何キロ上げてんの?』などと交互に尋ねまくるので、しまいにはトレーナーさんのほうから「(うるさいから) 替えて欲しい」と頼まれてしまったそうです (笑)」
(文化放送スタッフ)

そこまで言われてしまうとは……かなりのウザさだったのでは (苦笑)。

「でもこの〝気にしてない素振りを見せながら実はお互いにめっちゃ気にしてる〟距離感や空気感が、ファンの皆さんにもクセになってしまうようですね。渡辺くんも『たまに〝あべなべコンビ〟って言われるけど、コンビで語られるほど目立った覚えないしな~』——などとスカしてましたけど、自分で言い出すのはめちゃめちゃ気にしている証拠ですよ」(同文化放送スタッフ)

2023年はこの〝あべなべコンビ〟が熟成することを祈ろう——。

渡辺翔太 フレーズ

『周りからどう思われようと、
渡辺翔太は常に難しいジャンルを求めて歩いていきたい。
せめてSnow Manの中のパイオニアでいたい』

Snow Manの美容番長としての認知も高まり、女性ファンからの共感力を上げまくる渡辺翔太。自分が興味あるジャンルが受け入れられない恐怖も克服する〝パイオニア〟としての覚悟。

『確かに俺は地味なメンバーかもしれないけど、
だからこそ見えることもある。
「欲しいものは自分の意思で手を伸ばさないと掴めない」――ってこと』

誰も渡辺翔太を地味だとは思っていないが、欲しいものには自ら手を伸ばすメンバーでいてくれるのはポジティブで嬉しい。

『自分の考えや意思をちゃんと言葉にできないと相手には伝わらない。
たくさんお仕事をさせていただく中で、
言葉の大切さに気づいてばかりだね』

9人メンバーのSnow Manに限らず、グループ活動をしていくうえでは〝上手く自己主張する〟ことが必要。そのためにも自分が発する言葉は重要だ。そのことに渡辺翔太は気づいた。

5th Chapter

向井康二

Koji Mukai

— Now & Future —

〝関西ジャニーズJr.を引き上げたい〟向井康二の心境

『TikTokを見てくださった方から、

〝メンバーに馴染んでる〟的な感想をいただくことがあるんですけど、
SnowManに入ってもう4年やからね、それでぎこちなかったら、そっちのほうが問題でしょ（笑）。

でもあのとき、こんな俺を笑顔で送り出してくれた関西ジャニーズJr.のみんなには本当に感謝してる。

だからこそ文ちゃん（浜中文一）が斗真くん（生田斗真）から、

〝ライバル視されている〟ほど評価されてるのがホンマに嬉しい。

一緒に関西Jr.で頑張った仲間やからね。

なにわ男子のデビューもホンマに嬉しかったし』〈向井康二〉

つい最近も、SnowMan公式TikTokアカウントで渡辺翔太、佐久間大介とともに新曲『タペストリー』のダンス動画を公開した向井康二。

この向井康二、渡辺翔太、佐久間大介の組み合わせをはじめTｉｋＴｏｋの評判がいい。

「3人とも本当に楽しそうで、中でも向井くんはいつにも増してハシャいでいた。このところいろんな現場から〝向井くんが本当に楽しそうに仕事をしている〟との声が多く聞かれるのですが、向井くん本人にぶつけてみると、**『関西ジャニーズJr.の仲間がめっちゃ頑張ってるから俺も気分が上がる』**——からのようです」（TBS音楽番組関係者）

先の向井のコメントにある——

『文ちゃん（浜中文一）が斗真くん（生田斗真）から、〝ライバル視されている〟ほど評価されてるのがホンマに嬉しい』

——がそれだ。

生田斗真は2月中旬、2月23日に公開された自身の主演映画『湯道』の番宣で情報番組やバラエティ番組に積極的に出演していたのだが、そのうちの一つ『TOKIOカケル』（フジテレビ系）に出演した際、先輩のTOKIOとのトークの中で、自身がライバルだと思うジャニーズ俳優に〝関西ジャニーズの浜中文一〟の名前を挙げたのだ。

「斗真くんは〝自分にとってのライバルは誰か?〟というテーマの話から、『僕も考えてみたんですけど、浜中文一』――と、自分と同じように俳優のフィールドで活動する3歳年下の関西ジャニーズの名前を挙げたのです。『役者で演劇方面を一生懸命やっているんですけど、彼と一緒に仕事した人全員が〝文ちゃんはヤバい〟〝あいつは凄い!〟って言うんですよ。演劇方面、ほぼほぼ全員から〝あの人凄い〟〝あの人凄い〟って聞いてたら、だんだんムカついてきちゃって(笑)』――と、珍しく嫉妬しているようですね」(同TBS音楽番組関係者)

生田が信頼する劇団☆新感線のメンバー、スタッフからも絶賛されている浜中が気になり、自身でも浜中が出演する作品を観劇したという。

『何がヤバいって、あの斗真くんが文ちゃんの実力や才能を確かめるために、わざわざ劇場に行かはったんやで。

俺ら後輩から見たら、これはもう〝事件〟といってもいいでしょ!

せやからめっちゃ嬉しかった。

こうして関西ジャニーズJr.出身のメンバーが一人一人認められていくのが。

次は(室)龍太くんの番やで!』〈向井康二〉

浜中の出演作を見た生田斗真は——

『本当にヤバいんですよ、あいつ。
もう男らしく認めざるを得ない（苦笑）。
もともと関西ジャニーズJr.なんで、歌も歌えるし踊りもできる、お笑いもできる。
ちょっと浜中文一が世の中に見つかるきっかけができちゃったかも。
めっちゃ嫌なんだけど』

——と苦笑いを浮かべると、TOKIOからは「人間ちっちぇーな」「お前が言ったことによって広まってく」とイジられる始末。
トークの締めはカメラ目線で『浜中文一を絶対に検索しないでください』と視聴者に訴える生田斗真だったが……

『完全に真逆。
TOKIOさんもツッコんではったけど、
斗真くんは文ちゃんの名前が知られるためにおどけてはった。
俺もSnow Manでデビューしてからは4年目やし、
そろそろ関西ジャニーズJr.の仲間や後輩を引き上げられるような、
そんな言動も考えていきたい。
今年の〝Jr.大賞〟でAぇ! groupの正門（良規）と（末澤）誠也がベスト10に入っとったし、
次はアイツらの番やな』

そう話す向井康二だが、これはどうやら関西ジャニーズJr.の後輩を気にかけられるほど余裕が出てきた証拠だろう。

あの〝公開説教〟で向井康二が変わった!?

『笑っちゃいけないんだけど、DAIGOさんが俺らのデビュー曲『D.D.』を、

「親近感グッときてて。

もしかしてこれ「DAIGO（D.）大好き（D.）って意味なのかなって」

――と言うてくれはったとき、

「DAIGOさん、このネタを3年も温めてはったんかな?」……って想像したら、
めっちゃ一人でウケてた。

ラウールが「いろんな意味に受け取れるように（D.D.にした）」ってマジレスするから、
余計にオモロかったんです。

夜、家帰ってからずっと笑ってましたもん（笑）』〈向井康二〉

ミュージシャンのDAIGOが『それSnow Manにやらせて下さい』(TBS系)に出演した際のエピソードを、今でも思い出し笑いで振り返る向井康二。


『DAIGOさんって、昔っから興味深いというか、どこまで演じてはるのかめっちゃ不思議やったんです。

あの〝ダイ語(DAIGO)〟ってヤツも、「どこまで本気なんやろ?」……って。

だって家帰ったら北川景子さんが奥さんでお子さんもいらっしゃるんですよ!

つまり北川景子さんの〝ママ〟としての顔も知ってはるわけじゃないですか?

まさか北川さんとおつき合いしているときも、デートしながらダイ語とか〝ヴィッシュ〟とか言ってはったと思えへんし……』

DAIGOはSnow Manに「親近感グッときてて。もしかしてこれ「DAIGO(D.)大好き(D.)」って意味なのかな」と話したが、DAIGOがSnow Manに〝親近感グッときてる〟のは、実はSnow Manのデビュー曲『D.D.』は、北川景子さんが第一子を妊娠中、好んで聞いていたセットリストの中の1曲だったそうだ。

『収録前の前室で「ウチのママが妊娠中によく聞いていた」――って聞かしてもらって、
めっちゃ光栄でしたよ。
こういうのって〝胎教〟とか言うんですよね？
だからDAIGOさんと北川景子さんのお子さん、
生まれる前からSnow Manファンやったんです！』

――やや興奮気味に話す向井康二。

さて、そんなDAIGOが出演した回の『それSnow Manにやらせて下さい』罰ゲームは、あのダチョウ倶楽部を彷彿とさせる「二人羽織熱々おでん」だった。

「この罰ゲームが発表されると、真っ先に向井くんが『スタッフさん、いい罰ゲーム考えるじゃん』――と、柄にもなく番組スタッフを褒めたんです。ツッコむわけでもなく、ごく普通の反応で。するると佐久間くんが『なんかどうした？　お前らしくない。罰ゲームに対して寛容だな』と向井くんにツッコミを。すると向井くんが『木村さんに言われたからこうしてるっていうのは。まぁ、そうですね』と、少し前にゲスト出演し、公開説教された木村拓哉くんの名前を出して言い訳を始めたんです」

（人気放送作家）

それは木村拓哉がゲスト出演した際、木村から――

『どんな罰ゲームか先に聞くことはできないパターン?』

――と尋ねられた向井が、つい『結構いつも低予算な(罰ゲーム)』と小ボケで返したところ、木村に――

『本番中、〝低予算〟っていう言葉はやめたほうがいいと思う。スタッフのモチベが下がるから』

――と指摘され、このやり取りをネットニュースに切り取られ、〝公開説教〟と騒ぎになっていた出来事のことだ。

『ジャニーズ事務所だけやない、芸能界でも雲の上の上にいらっしゃる木村さんに、

〝公開説教された〟なんてニュースになったら、俺やなくてもトラウマになるよ。

挙げ句の果てにDAIGOさんも「ネットニュースで見ました」ってリアクションしはるし。

ウチの番組のスタッフさん、あそこは編集で切るのが親心ちゃいますか?

そりゃあ木村さんに説教されたシーンは美味しいけど、
ネットニュースに切り取られて話題になるの見えてるやん。

ホンマにスタッフさん、俺が潰れてもエエのん?

もしくは潰そうとしてない!?』

ややマジ顔で不安げな表情の向井康二だが……。
さすがに潰す気はないとは思うけど、もしあのやり取りが目黒蓮やラウールと木村拓哉だったら
……カットされていた確率のほうが高いかな(笑)。
やっぱりあの場面は向井にとって〝オイシかった〟ということでいいんじゃない?

〝向井康二VS深澤辰哉〟完全ガチの隠し撮りロケ対決

皆さんの記憶にも新しい、2月25日にオンエアされたフジテレビ系土曜プレミアム枠のバラエティ番組『有吉ダマせたら10万円 GACKTが有吉と初共演SP』。

芸能界一疑り深い男と評判(?)の有吉弘行に一泡吹かせたい芸能人が集まり、それぞれが持ち寄った二択クイズを出題。その結果、有吉が二択に失敗(不正解)することで疑り深い有吉をダマせるか? ——に挑む人気バラエティSPだ。

『有吉さんとは何回も共演させてもらってるから、俺らのイジり方をわかってもらえてるハズ。せやからダマせるかダマせないかは別として、安心してスタジオで絡める。どうせダマせて賞金ゲットしても、一問あたり1人2万円でしょ。最高で6万円なら、スタジオで美味しくイジってもらえたほうがお得やん(笑)』〈向井康二〉

チームSnow Manとして有吉に挑んだのが、「Snow Manメンバー2人（深澤辰哉・向井康二）が竹下通りを10分間ぶらぶらしたら、どちらがよりたくさんの通行人から声をかけられた（名前を呼ばれた）のか？」「Snow Manチーム（深澤辰哉・向井康二・尾形貴弘・森脇健児）と最強小学生チーム、リレー対決をしたらどちらのチームが勝ったのか？」「熱湯コップ太ももキャッチ、佐久間大介とオードリー・春日、本物の熱湯でチャレンジしたのはどちら？」の3問。

『見てくれはった人も多いと思うけど、結果的には1勝2敗。
勝ったのは俺とふっかがチャレンジした〝竹下通り〟だったけど、
有吉さんがせっかく俺（のほうが多い）に賭けてくれたのに、
5対3でふっかに負けたのが悔しくて。
……というかホンマは50対30ぐらいでもエエと思わへん？
10分かけて小道具も使いながら原宿駅竹下口方面から明治通りに停めてたロケバスまで歩いたのに、
5対3やで？
パニックに備えて用意してもらった警備員さんが4人。
ふっかはかろうじて警備員さんの人数よりも1人多かったけど、俺は1人少ないからね（苦笑）』

その勝利した深澤辰哉だが、この問題は深澤自らが考案したらしい。

しきりに『修学旅行生に見つかったらヤバい』と案じていた深澤だが、修学旅行生は見つけたものの、修学旅行生には見つからずじまいだった（笑）。

『俺もさんざん、「パニックになりますよ?」とかVTRで前フリをしたけど、ふっかのあのシーンが一番カッコ悪かったよね。

だって修学旅行生が目の前にいて、横を通りすぎたのに気づかれへんかってんもん』

視聴者の皆さんの中には、番組側が「深澤くんと向井くんはバラエティ班だから、実際はたくさん見つかってるけどカットしよう」などの演出をつけたと思っていた人もいるかもしれないが、あれは〝完全ガチ〟の隠し撮りロケ。

さらにいうと竹下通りで遠隔とはいえロケをする以上、ちゃんと商店街組合と所轄警察署に道路使用許可願を申請している。

『てかさ、ふっか途中でマスク外してポテト食べて、そこで2票入ってるやん?
あれはカウントしてエエの?
それに俺は男性から声をかけられたんやし、あれはポイント2倍でもエエんちゃう?
せやから〝実質3対4〟で俺の勝ちやん』

ボヤく向井康二だが、そうなると有吉が正解になり、賞金はもらえないのだが……。

『ああ、そうか!
せやけどそこはアイドルとしてのプライドの問題で、
1人頭2万円の賞金をもらうよりも、ふっかに勝った優越感のほうが上……なことないか。
2万あれば値上がりした電気代も払えるしな(笑)』

ちなみに竹下通り商店街組合では、Snow Manというトップアイドルが、いくら平日でもロケを行うことに難色を示していたという。

そんな先方に対し番組制作サイドは——

「大丈夫です！
目黒蓮くんやラウールくんではなく、バラエティ班のメンバーなので人は集まりません」

——と言って説得したとかしないとか。

……う～ん、それってどうなのよ（笑）!?

向井康二フレーズ

『もう東京に越してきて4年ぐらい経つねんけど、
チャリンコに日傘差して歩道をぶっ飛ばすオバちゃんとか、
東京にはいてはらへんやん？
大阪におるときは「危ないし迷惑やな〜」って思っとったことが、
今は「人間くさくて懐かしい」ってたまに思うんよ。
なにわ男子ともそんな話しとるしな』

上京してしばらくは〝東京の規律正しさ〟に感心していた向井康二だが、雑多でわちゃわちゃとした大阪の大雑把さが懐かしくも感じているようだ。

『なにわ男子、特につき合いが長い（藤原）丈一郎とは、
定期的に会うようにしてる。
アイツとか平気で「康二くん、変わったな」——って言ってくれるからね。
一種のバロメーター？……みたいな関係（笑）』

自分では気づかない自分の〝変化〟を指摘してくれる旧友を、
向井康二は「これからも大切にしたい」と語る。

『今年も〝JAPAN EXPO〟に呼んでもらえて、
バンコク（タイ）に帰ったけど、
空港に着いてバンコクの暑さと空気を吸った瞬間、
小学生の頃に会ったジャニー（喜多川）さんの〝俺に向けられた笑顔〟
――を思い出す。
あの優しい笑顔が俺の一生を決めた』

お母さんの故郷でもあるタイを訪れるたび、そんな特別な感傷が蘇る向井康二。その笑顔を信じたからこそ今がある。

Snow Man

—— 俺たちの今、未来 ——

Now & Future

6th Chapter

阿部亮平

Ryohei Abe

— Now & Future —

阿部亮平が弾丸旅行で行く〝一宮巡り〟

『それこそ次の仕事まで6時間空いたら「鎌倉行けるじゃん」「館山行けるじゃん」って、有名なお寺さんや神社に行っちゃう。

それが一泊とかできそうだったら、もうちょっと遠いところまで行ける。

確かにずっと忙しくさせていただいているのはありがたいけど、

その中で「自分の時間をどう見つけてどう使うか?」――って工夫をしないと、

ただ忙しいだけの人で終わっちゃう』〈阿部亮平〉

昨年の秋あたりから、自分の趣味が〝弾丸旅行〟になったと明かす阿部亮平。

「さすがに大真面目な阿部くんだな〜と感じたのは、できる限り自分で車を運転せず、公共の交通機関を利用すると話していたところです。『自分で車を運転すると事故を起こす、巻き込まれる可能性もあるし、そうなったら仕事に影響してメンバーや事務所に迷惑をかけてしまうから』――と。『さらに電車移動だと本も読めるし、クイズの勉強もできるから一石二鳥にも三鳥にもなるから』――と話していましたね」（TBSテレビ関係者）

確かに車を運転しながら本やスマホは開けない。気分転換のドライブなどは、また別枠のようだ。

『もちろんそれもあるけど、一番の理由は〝景色をじっくりと見たい〟から。
ずっと東京とか都心の風景ばっかり眺めてきたから、
特に電車でトンネルを抜けたら雪景色とか、そういうのに憧れる』

――そう話す阿部亮平。

『日本だとどこに行っても必ず視界の中に民家や集落が目に入って、
そこには日々の生活を営む人々がいる。
〝もし自分があそこに住んでいたら？〟……みたいな妄想を膨らませるのが好きなんだよね。
東京では考えられないぐらいの旧家の豪邸が目に入ると、
〝自分があの家の跡取りだったら〟……ってストーリーが頭の中で始まる。
電車の車窓って次から次に景色が展開するから妄想に次ぐ妄想で、
気づいたら目的地に着いていたこともあるよ』

そんな阿部亮平は、旅先の目的の一つに〝一宮巡り〟があるらしい。

『〝一宮〟っていうのは昔の律令制によって分けられた地域（律令国）ごとにある、
その地域の中で最も社格の高い神社のこと。
たとえば関東地方を律令国に分けると、
東京と埼玉は〝武蔵〟、神奈川は〝相模〟、千葉は〝上総〟と〝下総〟、山梨は〝甲斐〟の国で、
そんな律令国の中で社格が一番高いとされる神社が一宮』

ちなみに律令国の数は68だが、一宮が二社、三社、四社もある地域もあり、現在の一宮は総計104社といわれている。

『それだけあれば、しばらくは旅先に困らない。
でもJRや私鉄の駅前、せいぜい歩いて15分以内の一宮もあれば、
バスやタクシーで30分、1時間かかる一宮もあるから、
そう簡単には制覇できそうにないいんだよね。
Snow Manのツアーで行った先の一宮も行ってみたいんだけど、
ファンの皆さんを引き連れて参拝すると逆に迷惑がかかるから行けない。
それに神社にお参りするときには帽子を被らないのがエチケットというか〝決まり〟だから、
変装してホテルを抜け出すのもちょっと違うじゃん』

最近では『鬼滅の刃』などアニメ作品の〝聖地〟と化している神社も多数あり、佐久間大介から誘われることもあるとか。

『一宮には聖地系の神社は少ないんだけど、
俺が〝一宮巡りをしよう〟と考えたのは、
たとえば八幡宮って大分県の宇佐神宮を総本社にして、
全国に44，000社ぐらいあるらしいんだけど、
他にも稲荷神社系とかいろいろとあるわけで、
何かの〝縛り〟がないとキリがないじゃん。
だからさっくんには悪いけど、〝聖地系の神社〟は断ってる』

まあ阿部亮平と佐久間大介がツーショットで神社にいれば、それだけでパニックにもなりそうだしね。
……と、ここまでさんざん〝一宮〟について語りながら、実は阿部亮平、

『まだ十社も行けてない』

――そうだ。
さて今年中にいくつの〝一宮巡り〟ができるかな?

阿部亮平〝こだわりの受験勉強〟

『よく『Qさま!!』とか他のクイズ番組の収録になると、
前室で「あの番組はどうだった?」……みたいな話になるんですよ。
そこでだいたい、『さんま御殿』や『酒のつまみになる話』の名前が出て、
タレントや芸人の皆さんが——
「プレッシャーが凄い」「普段から『御殿』用、『酒のつまみ』用に分けてエピソードを溜めてる」
——って言うんですよ。
俺とかSnow Manのメンバーは、
まだまだ〝番組別にエピソードを溜めておく〟ほど(番組から)呼ばれないにしても、
売れてるタレントの皆さんの日頃の心構えというか、
〝タレントたる者、こうじゃなくっちゃ〟的な勉強になりました。
さっそくメンバーにも「前室でこんな話をした」——って伝えましたけどね』〈阿部亮平〉

そんな話をしていたタイミングで阿部亮平に回ってきたのが、『踊る！さんま御殿!!』(日本テレビ系)のアンケート用紙だった。

『さんま御殿』をはじめ、多くのバラエティ番組では収録回のトークテーマに合わせたアンケートが事務所宛に届き、オファーを受けたタレントは懸命に回答欄を埋める作業に専念する。エピソードの面白さが一番ではあるものの、回答欄をビッシリと文字で埋める〝やる気〟も試されているからだ。

『アンケートのタイトルに「受験を勝ち抜いた有名人の合格必勝法SP」ってあったから、かなり張り切って回答欄を埋めた（笑）』

スタジオ収録のゲストには相川七瀬、磯貝初奈、市岡元気、上田彩瑛、ハナコ・岡部大、神田愛花、竹内由恵、3時のヒロイン・福田麻貴、別所哲也らが顔を揃えていた。

『俺もそれなりの数の番組に出ているから、
自分の〝立ち回り〟みたいなものは心得ているつもりだったんだけど、
インテリ枠というか勉強枠というか、そういう括りだと、
なぜか対抗意識が強くなっちゃうんだよね。
特に東大や京大出身の人がいると（苦笑）』

何でも阿部は受験生時代――

『どうせならジャニーズ初の〝東大生ジャニーズ〟を目指すかな？』

――と考えていた時期もあったそうで、もしジャニーズを諦めて一浪すれば「東大、京大クラスに合格できる」と進学塾の先生から太鼓判を押されたほどだったと明かす。

『現役合格にこだわりたかったのは、早くSnow Manの活動に戻りたかったから。
それにジャニーズ初の東大生を目指したのに、
肝心のジャニーズを諦めて浪人しなさいっていうのは、明らかに本末転倒だしね。
でも東大とか京大で勉強してみたかったのは本音だし、
最終的には〝ジャニーズでデビューするか官僚になるか〟の二択までいったら、
カッコ良かったんじゃない?』

当時の〝勉強したい〟欲が気象予報士資格の取得に繋がった一因かもしれない。

さて『踊る！さんま御殿!!』での阿部はどうだったのか?

「あの日は阿部くんが一番目立ってましたね。まず〝私のちょっと変かもしれない勉強法〟では、阿部くんが九星気学に頼っていたことが明かされました。他の出演者からは〝占いをする時間があったら勉強したほうがいい〟とごく常識的なダメ出しが飛びましたが、阿部くんはそれを『絶対の自信を持っている』――と一蹴していました（笑）」（日本テレビスタッフ）

『だって番組でも話したけど、めちゃめちゃ勉強して受験に臨んでも、
最後の最後で〝これどっちだろう〟って迷う二択が残ったとき、
もうどっちが正解かは運だと思うんですよね。
ちゃんと勉強をするのは当たり前でみんなやってること。
俺はそのときのために運気を溜めるというか、運気を上昇させるというか、
そのために九星気学を取り入れていたんですよ。
……そんなに変かな？』

九星気学の気学とは、天、地、人の3つの状態にフォーカスして運命を読み解こうとするものらしい。

九星とは「天地における万物は陰と陽の二つの気が相対して成り立ち、生命力を持つ」という陰陽思想と「宇宙空間を形作っている木、火、土、金、水の5つの元素の無限の変化によって生じる」とした中国古代の天文学に当たる五行説が合わさったもの。この二つの思想をベースにそれぞれの気を9つの種類に分け、人間の先天的な性格や宿命傾向については、この世に誕生したタイミングで九星のどのような気巡りの現象に影響を受けたかで診断するという。

阿部はこの九星気学で自分の運気をコントロールしようと考えていたのだ。

『たとえば「自宅のこっちの方角に行くと今日はいい、運気が上がる」みたいなことは毎日変わる。だから毎日〝吉〟となる方位を意識していて、吉方位のカフェに行って勉強してたんだよね。それは図書館とか、あと新しい参考書が欲しくなったときは吉方向の本屋さんで探すとか、受験勉強に関することは九星気学に基づいて決めていたんですよ。

俺がこれを話すと、すぐに「どんな効果があるんだ？」「非科学的だ」って、疑いの目を向ける人が多いけど、俺は実際に合格してるし、文句は言わせない（笑）』

振り返れば『勉強する場所が毎日変わって、気が散るよりも気分転換の効果が高かった。そういう意味でも受験生にはお勧め』だとも。

さらに『理系の人はみんな〝素数〟が好き』と主張する阿部は、家に飾ってある時計の盤面に――

『素数しか書いていない。

だから時計を見ても数字は2と3と5と7と11しか書いてない』

――と、とっておきのエピソードを披露。

予想通り明石家さんまからは「何でそんな時計買うねん！」とツッコミが入り——

『さんまさんにツッコんでもらえたから、時計代のもとが取れた！』

——と大喜びだったそうだ。

ちなみに一応解説しておくと、素数とは2以上の自然数で、1とその数字でしか割れない正数をいう。

50以下の素数は「2，3，5，7，11，13，17，19，23，29，31，37，41，43，47」だ。

それにしても〝2と3と5と7と11しか書いてない〟時計って、なんだか不便な気がするけど……

どうなの!?

インテリメンバー〝資格への挑戦！〟

『お話をいただいたときはもちろん、青天の霹靂クラスで驚いた。
だって俺の単独CMだよ！
Snow Manは個人でもCMに起用していただいているメンバーがいるけど、
俺なんか一般的にはラス1とかラス2に順番が回ってきそうじゃない。
それなのにこんなに早く順番が来ちゃって、
ここはちゃんとさらに新しい資格をいくつか取らなきゃ怒られちゃう（笑）』〈阿部亮平〉

阿部はまず個人として、〝チャレンジユーキャン！〟のキャッチコピーでお馴染みの通信教育講座『ユーキャン』のCMに。目黒蓮との組み合わせでアサヒ飲料『三ツ矢サイダー』のCMに起用されている。

ジャニーズクイズ部の部長であり、高学歴かつ難関資格を保持する阿部亮平は、言うまでもなくジャニーズを代表するインテリメンバーの一人。

『それもこれも櫻井翔くんが慶應大学経済学部に進学してくださったからで、
俺なんか翔くんを元祖としたインテリキャラがずっと枝分かれした末端の一人。
だけど翔くんが慶應大学に通いながら嵐としても大活躍して、
ニュースキャスターをやられてなかったら、俺の中で大学受験や大学院進学はなかった。
勉強キャラやインテリキャラが武器になることを教えてくれたのは翔くん』

CMのスポンサーサイドや広告代理店サイドは、阿部亮平の好感度を起用の理由に挙げているそうだ。

「さらに顧客層のアンケートを取ると、阿部くんは〝誠実度〟で驚くべきことに全芸能人でトップクラスのイメージを誇っているのです。特にここ数年、メディアは厳しいコンプライアンスの監視にさらされていて、誠実な人柄を持つ芸能人ほど支持される傾向が強い。ましてやCDデビュー以降のSnow Manの大活躍、認知度や知名度の大幅な上昇が相まって、阿部くんへのニーズは天井知らずで上がっているのです」（大手広告代理店プランナー）

そんな阿部亮平は個人CMのユーキャン通信講座でマイクロオフィススペシャリスト（MOS）のExcelスペシャリストを取得。ユーキャンの公式YouTubeチャンネルでは、WEB限定で「阿部亮平さん『試験に挑む人に向けて一言』」「阿部亮平さん 合格発表の瞬間」も公開されている。

『試験に挑む皆さんに――

「ここまで来たら勉強してきた知識が自分が思い描く未来に連れてってくれるから絶対大丈夫。自信を持って」――とエールを贈るのは少し照れくさかったけど、自分自身の話としては、「やっぱり俺、試験を受けて合格するの好きだったんだな～」ってつくづく思いましたね。

芸能界って自分の努力だったり成長だったりが数値化されることはないから、〝何点取ったら合格です。ＣＤデビューできます〟

……みたいな制度や仕組みになってないじゃないですか？

でも資格試験にはちゃんと合格ラインがあって、そこに入れば合格することができる、資格を取得することができる。

ちょっと言い方は変かもしれないけど、そこは俺の〝性《しょう》〟に合ってるんだと思う』

ユーキャンのＣＭでもイキイキとした姿を見せているが、阿部亮平のポリシーでもある『学びが自分の武器になる』が、ようやく形として結実し始めたのではないだろうか。

『バラエティの勉強で、さんまさんの『お笑い向上委員会』(フジテレビ系)を見ていたら、
去年のM‐1王者・ウエストランドの河本さんが、
内装工事のアルバイトをやるのにいろんな資格を持っていて、
それが玉掛け技能士、高所作業車、危険物取扱、配管工事とか、
俺にはあまり身近じゃないけど現場では必須の資格ばっかりで、
ある意味で衝撃を受けたんですよ。
要するに俺も、難関だから受ける資格は資格として勉強するけど、
河本さんのように「実際に仕事に活かせる、生きるための資格も取らなきゃな」――って。
今は〝これがその資格だ!〟って明確なものはないけど、
今後はちょっと調べていきたいですね』

今から25年以上前、KinKi Kids・堂本光一が冠番組の企画で資格や免許を片っ端から取りまくっていたが、阿部は阿部で〝実になる資格〟を身につけて欲しいものだ。

これから阿部亮平がどんな資格にチャレンジするのか、楽しみにしよう――。

阿部亮平 フレーズ

『人生のチャレンジにおいて、
俺は〝締切〟や〝期限〟は存在しないと思う。
何かをやりたいと感じたタイミングこそがすべて。
年令やキャリアは単なる言い訳』

「いくつになっても好奇心と向上心を忘れたくない」――それが阿部亮平の基本スタンス。年令やキャリア、そして環境を言い訳に使う自分には決してならない。

『夢を叶えるために努力を重ねることはあくまでも最低限の条件で、
俺は希望や信念を絶対に失わないことこそ一番大切だと思ってる』

かつて「努力は必ず報われる」と宣言した女性アイドルがいたが、阿部亮平に言わせると努力は必要最低限の条件で、「大切なのは自分の未来を信じる」こと。自ずとそれは「希望や信念を失わないこと」に繋がる。

『人には苦しい時期を経験し、乗り越えたときにだけ備わる〝強さ〟がある』

経験し、そして身につけた者にしか言えない言葉。想像だけの薄っぺらい言葉ではない。阿部亮平の言葉。

7th Chapter

目黒蓮

Ren Meguro

— Now & Future —

目黒蓮の中に存在している〝核〟とは?

3月17日に公開された目黒蓮の初単独主演映画『わたしの幸せな結婚』。女流監督の塚原あゆ子がメガホンを取り、ヒロイン役を今田美桜が務めた。

『確かに俺が単独主演になったわけですけど、以前から滝沢くんや岩本くんに教えられた〝座長（主演）の心得〟みたいなものは、あえて気にしなかったんです。

だって俺なんかまだまだ役者としては駆け出しで、そんな人間が現場で〝主演の空気〟を醸し出しても誰も認めてくれないかもしれないじゃないですか?

だから常に「もっともっと勉強して、学んで吸収していかなくちゃいけない」

——っていう思いのほうが、俺としては圧倒的に強かったんです。

そうしないと〝目黒蓮としての成長〟には繋がらないと思って』〈目黒蓮〉

座長としてデンと構え、現場を引っ張るべき場面で引っ張ればいいだけで、普段は座長だろうと何だろうとその作品で〝学ばせていただく〟姿勢を貫くのが〝目黒流〟だと明かす。
それは2022年、『silent』(フジテレビ系)や『舞いあがれ!』(NHK)でいくら話題になろうとも、謙虚な姿勢を忘れてはならない自戒を込めてもいるようだ。

『話題にしていただいた作品に出演して、たまに自分の芝居を褒めていただけたりもするんですけど、
自分自身ではあまり演技のお仕事が向いているとも思ってないんですよね。
それでも何とかやっていけてるのは、自分の芯、核となる部分に〝SnowMan〟があるから。
自分がSnowManの一員じゃなかったら、
演技のお仕事でも少し壁にぶち当たったら簡単に心が折れていたと思う。
俺の核には〝SnowMan〟があるから、どんな仕事や場面でもへこたれない。
それは気持ちの中に〝メンバーが支えてくれている〟部分と、
こんなところでへこたれていたら〝メンバーに恥ずかしいし申し訳ない〟気持ちがあるから』

昨年後半からの目黒蓮の勢いは、メンバーの存在があってこそ、なのだ。

『そういった意味では、この『わたしの幸せな結婚』は、今自分ができるすべてを注ぎ込んでいるので、決して逃げ出すことのできない厳しい現場でしたね。

途中ですごく悩んだ時期があって、「お芝居の上手い下手の区別ってどこにあるのかな?」……とか、余計なことを考えちゃって（苦笑）。

そんなとき、グループの仕事に戻ってメンバーとはしゃぎながらバラエティの収録をしていたら、頭の中が空っぽになって、翌日の撮影で監督さんにお芝居を褒められたんですよ。

それから漠然とお芝居の上手い下手の区別を考えていたものが明確になった気がして。

やっぱり自分には〝Snow Manという核〟があればこそ、なんですよ』

また目黒蓮は、この作品に出演したことでこう感じたそうだ。

『失敗しようが成功しようが、頑張ってチャレンジする気持ちが大事なことを改めて学びました。

その気持ちすら持たず、自分で〝これくらいでいいかな?〟って諦めるのはダサい。

（向井）康二くんのように盛大にスベろうがハズそうが、チャレンジする姿勢と気持ちが一番カッコいい気がする』

そして目黒蓮は〝20代後半〟に突入した今の心境をこう語る——。

『俺は2月16日に26才になって、20代も半分が過ぎちゃった。
これからはこれまで以上に、
見てくれる人や聴いてくれる人に、
「明日も頑張ろう」と思ってもらえるようになりたい。
自分たちの努力や頑張りが〝ちゃんと届いている〟ことが、
結果としてわかることがすごく嬉しいから』

明治・大正期を意識した和風世界を舞台としたシンデレラ・ストーリーでもある『わたしの幸せな結婚』。女流監督ならではのセンスが光る映像美と、撮影を通して成長した目黒蓮の演技力が存分に楽しめる作品だ。

この作品の主演を通して、また一歩確実に〝役者としての実力〟がアップしたことは間違いない——。

『silent』で得た大きな経験

昨年（2022年）10月クールの民放連ドラの話題を独占した『silent』（フジテレビ系）。主演の川口春奈演じる主人公の青羽紬と、かつて紬のもとを理由も告げずに去った目黒蓮演じる佐倉想が織り成す、音のない世界のラブストーリー。

その〝切なすぎる再会〟とその後繰り広げられたラブストーリーは、大人の女性たちに圧倒的に支持され、SNSでバズりまくったことは皆さんの記憶にも新しいだろう。

「最終回（12月22日）の直後、関東ローカル圏での放送ではありましたが、12月27日から31日までの5日間にわたって、全11話が集中再放送されました。確かに年末で再放送を組み込みやすい時期ではありましたが、BSでもCSでもなく地上波での超スピード再放送は異例の編成。これも20代、30代のOLから圧倒的な支持を集めた作品だっただけに、OLさんの年末年始休暇を狙った〝勝算アリ〟の番組編成に繋がったわけです」（フジテレビ関係者）

この作品はいわゆる〝当て（宛て）書き〟で書かれたオリジナル脚本。担当した脚本家・生方美久は1993年生まれで、執筆したときは20代の若さに加え、連ドラ初脚本作だったというから驚きだ。

「生方さんは看護師など複数の仕事を経験した末、有名脚本家・坂元裕二氏に憧れて脚本を学び、第33回フジテレビヤングシナリオ大賞を『踊り場にて』で受賞。この『silent』が初の連ドラ脚本になりましたが、主演の川口春奈さん以下、目黒蓮さんらのセリフを当て書き（※キャストに合わせてセリフを作ること）したのですから、新人離れした実力とセンスの持ち主であることは疑いようがありません。しかも『silent』はTVer再生回数、番組登録者数の歴代最高、世界のTwitterトレンドで複数回の1位を獲得するなど、今のドラマ界が最も求める脚本家です」（同フジテレビ関係者）

また、脚本の書籍化が発表されると同時に発売前予約が10万部を突破し、その時点でAmazonの書籍総合売上1位を記録した。

「先にキャスティングが決まっていた後でそういう脚本家を〝引き当てた〟のも、目黒くんの強運がなせる技。視聴者のOL層は自分を紬（川口春奈）に投影し、想（目黒蓮）と妄想恋愛しながらキュンキュンしていたわけですからね。生方さんのオリジナル脚本じゃなければ、どんな作品になったかわからない。まさに目黒くんの引きの強さが証明されたわけです」（同前）

『自分としては本当に一生懸命、想になりきって演じただけ。
評価してくださるのは視聴者の皆さんだから、自分からどうこう言うことはない。
でも俺自身も〝当て書き〟の脚本をいただいたのは初めてで、
脚本の先生が〝目黒蓮が演じる佐倉想〟に言わせたいセリフを考えてくださったわけで、
不思議と回が進むごとに自分でも〝想が言いそう！〟って共感するセリフが増えていって、
「これが当て書き脚本の醍醐味か」――と感じてはいた。
少し偉そうに聞こえていたらゴメンだけど（苦笑）』

――脚本に関する自身の感想を話す目黒蓮。

全然〝偉そう〟ではないけれど、当て書きの脚本を演じきったことで、役者としての〝引き出し〟が増えたんじゃない？

『それまでは脚本をいただいて、
そのセリフを自分の中で何度も繰り返しながら理解していたけど、
当て書きの場合は気持ちの込め方が強くなったというか、
セリフを話すときの表情の作り方や指先まで動きを意識する神経の配り方とか、
そういったことに集中できたからね。
自分がお芝居の経験を積み重ねていく中で、
今のうちに当て書きの脚本でお芝居をする方法を学べたことは大きい』

しかもそれが数々の配信記録やＳＮＳ記録を塗り替えたほどの話題作だったのだから、これ以上の経験はないだろう。

目黒蓮自身が言うように、今後の役者人生において大きな糧となったようだ。

大西流星から目黒蓮への誕生日プレゼント

さて、先に『わたしの幸せな結婚』について、目黒蓮が改めて感じた『自分の核はSnow Man』などのエピソードをお話ししたが、この『わたしの幸せな結婚』には、なにわ男子・大西流星も出演していたことについて、ここでは触れてみたい。

大西の役柄は日本の皇室をモチーフにした架空の〝帝室〟の皇子で、いずれ帝位を継ぐ皇太子『堯人（たかいひと）』役。目黒演じる『久堂清霞（くどう きよか）』とは幼馴染みの設定。ちなみに久堂家は帝室にも近い軍人家の名家の設定。

そんな目黒蓮と大西流星は年齢こそ26才と21才で5学年ほど離れているが、目黒がジャニーズJr.入りしたのは2010年10月、大西は2012年7月に関西ジャニーズJr.入りと、約2年しか離れていない〝同世代的〟な存在。

しかしそこには両者ともに〝人見知り〟という大きな壁が……。

『『わたしの幸せな結婚』を撮影していたのがちょうど1年ぐらい前で、
目黒くんの誕生日が2月ってことも聞いていたので、
仲良くなるきっかけというか、
撮影中はたぶんお互いに絶賛人見知りモードを発令していたので、
「話しかけるきっかけに誕生日プレゼント持っていったらエエやん」と気づいて。
ちょうどウチの大ちゃん(西畑大吾)が目黒くんと同い年のうえに1月が誕生日やったんで、
あの年代の人が喜びそうな誕生日プレゼントを撮影現場に持っていってたんですよ。
ところがあまりにも話しかける機会がなくて、渡せずにいったん持ち帰っていたら、
ふと気づいたらクランクアップしてたんです(苦笑)』〈大西流星〉

その後音楽番組で顔を合わせても時期遅れの誕生日プレゼントを堂々と渡せるほどの関係性を作れずじまいだったという。

そんな大西に巡ってきたのが、『わたしの幸せな結婚』の番宣出演だった。

『ずっと家の収納スペースで眠っていたから、ちょっとホコリっぽい（苦笑）。
せやけど今年のプレゼントと間違えられたら、
ホコリの量で「使いまわし？」と思われるのも嫌やったから、
ちゃんと「去年渡そうと準備していたプレゼントです」言うて渡したよ（笑）』〈大西流星〉

『流星くんに「去年買ったんですけど渡せなくて」――って言われたから、

「そんなの気にせずに、いつでも渡してくれたらよかったのに」と言いました。

普通に1年遅れでも嬉しかったし、流星くんのちょっと陰があるお芝居好きなんですよね。

これからも共演する機会があったらどんどんしていきたいし、
連絡先もちゃんと交換したから（笑）』〈目黒蓮〉

その話を目黒から聞いた向井康二はこんな忠告を――。

『めめ、流星は〝アザと可愛い男子〟で有名やから、
アイツのウルウルした上目遣いには騙されたらアカンで』

『何に〝騙される〟のかわからないけど、
俺は流星くんを入口になにわ男子ともっと親密になりたい。
本当はみっちーと共演したときに親密になれたらよかったんだけど、
『消えた初恋』のときは確かみっちーもまだ19才だったからね。
未成年だしお酒が出る場のご飯は難しかったし。
ようやく今回をきっかけに流星くんともご飯に行ける。
最近、何かの番組で大阪のグルメスポットをやっていて、
めっちゃ美味しそうな〝てっちり（フグの鍋）〟を見てから、
どうしても食べたくて仕方がないんだよね』

嬉しそうに話す目黒蓮は、大西流星との交流をきっかけに〝念願の〟なにわ男子との親密な交流が始まりそうだ――。

目黒蓮 フレーズ

『ドラマ『ｓｉｌｅｎｔ』は視聴率的にはあまり話題にならなかったけど、ＳＮＳで大バズりしたのは単純に嬉しかったな～。自分より下のＳＮＳ世代に刺さりまくったのは、彼らや彼女らが〝純愛好き〟の証拠じゃない？ まだまだドラマや映画には未来があると思う』

民放公式配信〝ＴＶｅｒ〟で、お気に入り登録が歴代最多の２４６万人を突破した『ｓｉｌｅｎｔ』。目黒蓮が語る通り、全11話中9話でＴｗｉｔｔｅｒの世界トレンド1位を獲得し、番組公式ＩｎｓｔａｇｒａｍのフォロワＩ数が１２８万人を突破するなど、間違いなくＳＮＳ世代に刺さりまくった連続ドラマになった。最近、よく「オワコン」と言われる民放連ドラだが、刺さる作品を制作すればまだまだイケるのだ。

『たまに「ジャニーズのグループとかユニットって、
何のためにあるんだろう?」……って考えたりするんだけど、

「個々の短所をお互いに補って、なくすことじゃないのかな?」

——っていう結論。

一番強いグループって〝短所がゼロのグループ〟だと思うから』

メンバーが集まって合わさるパワーよりも、グループの短所を
メンバーが消せるほうが強い。それはあたかも自分を含めた
新メンバー3人が加わったＳｎｏｗＭａｎの経緯に似ている。

『今のSnow Manは、
たとえメンバー同士が些細な理由で喧嘩をしても、
その1時間後には笑ってツーショットを撮り合えるような、
そんな関係性まで進んでいると思う』

メンバー同士の相互理解が〝進んでいる〟実感を強調する目黒蓮。

些細な喧嘩はメンバー同士の仲を深めるアイテムにすら感じられる。〝Snow Manの絆〟は日々培われている——。

8th Chapter

宮舘涼太

Ryota Miyadate

— Now & Future —

歌舞伎出演で広げた〝大きな可能性〟

新年早々の2023年1月6日から27日まで新橋演舞場で上演された歌舞伎舞台『SANEMORI』。

「Snow Manファンのみならず全歌舞伎ファンからも注目されていたこの作品は、あの十一代目市川海老蔵さんが十三代目市川團十郎白猿を襲名するお披露目の場として上演された『初春歌舞伎公演 市川團十郎白猿襲名記念プログラム『SANEMORI』』です。歌舞伎に明るくない方はピンと来ないかもしれませんが、〝市川團十郎〟とは歌舞伎・市川流の家元で、市川一門の宗家を示す大名跡。すべての歌舞伎役者の名跡の中で最も権威のある名跡とみなされていて、江戸時代の元禄年間から受け継がれています。言い替えれば全歌舞伎役者、特に若手役者にとっては憧れの晴れ舞台で、そこに歌舞伎役者でも何でもないSnow Manの宮舘涼太くんが、それも準主役クラスの配役で出演したのです。これを快挙と呼ばずして何と呼べばいいのでしょう」（舞台制作プロデューサー）

しかも宮舘は、親子でもある源義仲役と木曽先生義賢役の一人二役で出演したのだ。

「宮舘くんは2019年11月、同じく十一代目市川海老蔵さんがプロデュースした『市川海老蔵第五回自主公演『ABKAI 2019〜第一章 FINAL〜』』にも木曽義仲役で出演しているので、歌舞伎作品は今回が2回目の出演となります。また歴史に詳しい方はニンマリされたかもしれませんが、この『ABKAI 2019〜第一章 FINAL〜』で演じた木曽義仲は、今回『SANEMORI』で演じた源義仲の通り名で同一人物です」〈同舞台制作プロデューサー〉

そう、宮舘は丸2年ちょっとで同じ人物を演じたのだ。

『そのあたりのプレッシャーというか、

『ABKAI』の義仲と『SANEMORI』の義仲は同一人物だけど同一人物じゃない、新たな演出で演じさせていただくことで、この作品が持つ壮大な歴史ロマンや、ストーリーの面白さをダイレクトに伝えられるように頑張ったつもり。

俺はもちろんプロの歌舞伎役者じゃないから歌舞伎そのものを忠実に演じることはできない。

だから歌舞伎そのものを強く意識するよりも、俺を選んでくれた團十郎さんの期待に応えたいというか、いい意味で驚かせたい気持ちでいっぱいだった』〈宮舘涼太〉

市川團十郎は『SANEMORI』の制作発表会見の際、宮舘涼太について――

『演じる二役についてどのように解釈されるのか、
どのように向き合うのかを拝見して私自身も学びたい』

――と、敬意を込めて語っている。

『俺のファンの皆さんなら、
昔からずっと歌舞伎に興味を持っていたことを知ってくれていたと思うけど、
歌舞伎ファンの皆さんはそんなことはご存じないじゃん？
俺について何の予備知識もないというか、
むしろジャニーズに対してちょっとぐらい偏見を持っていたかもしれない方々が、
今回の作品についてどんな感想を持ってくださるか？
……正直に言って、怖い部分がまったくなかったとは言わない』

そんな宮舘は『自分の中での気持ちの作り方の一つ』として、『SANEMORI』の稽古中から上演期間中、ひたすら『親子丼を食べて親子の気持ちを作っていた』という。

『すっげえ親子丼が好きってわけじゃないんだけど、
何か俺の中で「親子の設定のもと二役をやらせてもらうんだから、
自分に摂取するものも親子に関するものにしよう!」――って閃いたんですよね。
歌舞伎役者の皆さんが〝新橋演舞場に来たら絶対に出前で頼む〟親子丼を聞いて、それをずっと。
確かにめちゃめちゃ美味しかったし、心の中で義仲と義賢になりきって食べていた。
効果?……もし俺の芝居を褒めてくださる方がいらしたら、
ちゃんと効果があった証明になると思うけど』

こればかりは〝ザ・宮舘理論〟なので我々には理解不能だけど、頭で考える理屈ではなく、心で感じた直感なのだろう。

今回の歌舞伎出演で確実にまた一つ、大きな可能性を広げた宮舘涼太だった――。

〝舘様サイコー！〟――ラウールが観劇で感激！

『ラウールがあんなに感激してくれるとは思わなかった。
観劇だけに感激したのかな……って、
ウマい！』〈宮舘涼太〉

2023年1月6日から27日まで新橋演舞場で上演されていた『初春歌舞伎公演 市川團十郎白猿襲名記念プログラム『SANEMORI』』に、源義仲・義賢親子の二役で出演した宮舘涼太。

『何だかんだメンバー全員見に来てくれたんだけど、
ふっかと翔太は「おめでとう。良かったよ」とか言いながらも、
どことなく〝(俺も出たかった)〟オーラを出してんのよ。

俺も逆の立場だったらそう思うから、余計に敏感に感じるのよね(笑)。

でもラウールはあのキラキラした瞳で——

「舘さん、サイコーでした! 本当にお疲れ様でした。素晴らしかったです。

とにかく舘さんの持つ舞台上のオーラとか稽古で培った努力みたいなのをすっごい感じて、
すごい感動しました!!」

——って、早口でまくし立てるように言ってくれたんだ。

ラウールのあの感じはかなりのマジだから、言われた俺もめちゃめちゃ嬉しかった。

普段は同じステージ上で、俺のほうがラウールのオーラを見せつけられているからね。

本当、後ろから見るとラウールの背中に〝天使の羽根〟が見えるんだから』

さらに宮舘はラウールの言葉に対し――

『稽古が11月から始まって、本番が終わったのが1月末。
ほぼ3ヶ月間、この作品に関わったわけじゃないですか。
一応、以前にも海老蔵さん時代に、
『ABKAI 2019～第一章 FINAL～』に出演させてもらってはいるけど、
俺はやっぱり一から稽古を始めなきゃいけなくて、
どうしても上手くできないこともたくさんあったんですよ。
でも親身に教えてくださる皆さんの期待に応えたい一心で立ち向かいました。
Snow Manは毎年（『滝沢歌舞伎』で）新橋演舞場の舞台に立たせてもらえてますけど、
今回の作品はSnow Manっていうグループじゃなく俺一人での出演。
それは本当に初めての体験で、舞台上から見る景色も全然違うし、演者としての責任も違う』

そう話す宮舘だが、興味津々のラウールに『その中でも、具体的にどこが一番大変でしたか？』と聞かれたそうだ。

『独特のセリフ回しは、普段自分が話している言葉や会話とは別次元の感覚だったね。
できるだけゆっくりと話して、その中に五線譜の音符のような抑揚を滑らかに付ける。
セリフの語尾の言葉の母音を大切にする。
自分としては全然マスターできていたとは思わないけど、ラウールには――
「他の歌舞伎役者さんと同じようにめちゃめちゃくちゃ自然だった」
――と言われたけど、
自分では納得していないのが事実なので、言葉を含めた歌舞伎の所作とか、
もっと上手くなりたいし、
もっともっと追求していきたい欲が芽生えたね。
これは舞台を打ち上げてから芽生えた感情だから、
俺の中では〝マジ中のマジ〟と言ってもいいんじゃないかな』

さらに『SANEMORI』で木曽先生義賢と源義仲の二役を演じていた宮舘は——

『1幕は義賢の姿で幕を閉じるんだけど、その顔のまんまでは次の出番（3幕）にいけないから、舞台で2幕が上演されている間にお風呂に入って、メイクをすべて落とすんですよ。それで義仲のメイクをして3幕の出番待ち』

——だったそうだが、なぜかラウールがその話に食いつきまくったそうだ。


『ラウールの中で一番大変なのは、セリフ回しや所作じゃなく、お風呂に入ってメイクを一からし直すことらしい（笑）。

「大変だね！　2回もしてるんだ、メイク。

ちょっと落として塗り替えるとかじゃないんだ？」——って、ずっと食いついてんの。

普通はそこで「2幕に出ないなら休んでればいいじゃん」とか、

「お風呂に入るならあの衣裳も脱ぐんだよね？　それはめちゃめちゃ大変そう」とかさ、
他に着眼点がありそうじゃん。……何でメイク？』

そこはホラ、パリコレモデルは衣裳替えよりもメイクのほうが大変だからだよ……たぶんね（笑）。

いずれにしろ、宮舘の歌舞伎舞台にラウールは大きな刺激を受けたことは間違いない。

それがこれからのラウールにどう活かされるのか、宮舘涼太も楽しみだろう――。

舘様の魅力全開！ 魅惑の『舘様クッキング』

「宮舘涼太くんと佐久間大介くんが週交替で出演している『ラヴィット！』（TBS系）ですが、宮舘くんがあまりにも自由にやりすぎて〝MCの（麒麟）川島さんの逆鱗に触れた〟〝宮舘くんは3月いっぱいで降板じゃないか？〟……なんて噂も流れてます。もし本当にそうなったら、理由も含めてジャニーズでは前代未聞ですね」（人気放送作家）

何やら不穏な証言から始まってしまったが、視聴者の皆さんも、いくらSnow Manファンでも「舘様クッキングは確かに自由すぎる」「いつかこんな日が来るんじゃないかと思っていた」などと危惧されていたのではないだろうか？

「あの番組は生放送ですから、宮舘くんに限らず自由にコーナーを持てば、たまには迷惑をかけてしまう可能性もある。それぐらいはプロのスタッフ、プロの出演者（※この場合はMCの川島）ならば覚悟しているでしょう。しかし宮舘くんの場合、番組冒頭のコーナーから自分勝手に時間を使いまくってしまうと、2時間番組とはいえカットせざるを得ないコーナーが出るかもしれない。川島さんは『宮舘くんには宮舘くんにしか出せない味や面白さがあるし、それは俺も認めている。でも度がすぎてしまうと、その日のために準備したコーナーや企画、ひょっとしたら出演者も飛んでしまうかもしれない。番組作りはチームプレー。僕はMCで番組を進行させる役割をいただいている以上、宮舘くんがギリギリの境界線を越えたら注意せざるを得ない』――と、宮舘くんのキャラクターや持ち味を理解しながら、ときには冷静なジャッジを下さなければならない苦悩を明かしてくれました」

（同人気放送作家）

それは2月14日に生放送されたTBS系『ラヴィット！』の『舘様クッキング』での一幕だった。

この日のオープニングテーマは、『オススメの〝シマる〟もの』だった。

宮舘は鍋のシメに持ってこいの冷凍たこ焼きを紹介してくれたのだが、キムチ鍋のシメに入れると韓国風明石焼きのようになると話し、スタジオで実際に調理してみよう――の流れになったのだ。

もちろんこれは『舘様クッキング』の一環（演出）。

宮舘はひな壇から立ち上がると――

『準備いたしますので、ちょっとしばらく。いったんちょっと変身しないと……』

――と言い残し、画面からセット裏へと消えていった。

事情を飲み込めていない出演者たちが「何の準備をするの?」と不思議そうにしていると、スタジオには高い脚立に乗った照明スタッフがスタンバイ。さらにセット裏からは、白い靄のようなものがモクモクと立ち始めた。

宮舘の準備が整ったところで垂れ幕が上がり、スモークの中からスポットライトに照らされた宮舘が、特製のバラ柄ロイヤルエプロンを身につけてゆっくりと登場。

そして何も持っていなかったはずの右手から突然バラが現れ、カメラ目線で――

『クッキング〜、スタート!』

――と言い放ったのだ。

宮舘が登場に使ったスモークでオンエア画面が真っ白になる中、カセットコンロに火をつける宮舘は、火加減を見るフリをしながらカメラに決め顔。

さらに鍋を煮込む工程では、時間短縮のために出来上がりの鍋と差し替えたのだが、ここでも無駄に時間を使う。

宮舘が——

『ドラムロール、カモン!』

——と声を上げるとスタジオの照明が落ちて、効果音のドラムロールが鳴り響く。

そこで鍋を差し替えたのだが、なんとなんと7パターンのアングルをやり直し、ようやく8回目で納得の差し替えに成功したのだ。

そのグダグダの様子をただ見せつけられていたスタジオ出演者たちからは、「それだけ繰り返すのなら、差し替えなくても最初の鍋が煮込めたじゃん!」「ヤジマリーのネタか!」「自由すぎるわ!」「オープニングの視聴率、後でグラフごと教えてくれ」「差し替えた鍋、すっかり冷えとるやないか!」

——ツッコミの嵐が飛んできた。

『もちろんワザと繰り返したわけじゃないし、
俺自身は一生懸命にいいモノを届けたかっただけ。
鍋が煮立つ画角を、もっと美味しそうに見せたかっただけなんだよね。
ただ周りからツッコミが入って焦り始めると頭の中が真っ白になって、
今どれをやるのが一番最適なのかわかんなくなっちゃったんだよ（苦笑）』

今思い出しても『恥ずかしくてたまらない』という宮舘涼太だが、この日のエンディングでは川島からチクり。

「放送日がバレンタインデー当日ということもあり、宮舘くんはエンディングのワンショットになるとカメラ目線で『ハッピーバレンタイン！』とメッセージを送ったのですが、そんな宮舘くんに川島さんが『今日あなたのせいで激押ししてる』とチクり。宮舘くんはすぐに立ち上がって『本当に申し訳ございません。薄々感じておりました』――と頭を下げて謝罪したのですが、それでも他の出演者の視線は冷たかった（苦笑）」（前出人気放送作家）

『後でスタッフさんに聞かされたんだけど、
SNSではポジティブな内容で炎上していたんだってね。
「今日も舘様クッキング無駄に長くて笑う」とか、
「舘様クッキング安定のカメラワークと演出で楽しかった」
「朝から野次られる舘様オモ」とか。
ツイッターのトレンドに、
〝#宮舘涼太 #舘様クッキング #差し替え #ロイヤルエプロン〟――って、
関連ワードがトレンド入りしていたって（笑）。
……う〜ん、個人的にはトレンド入りするほど話題になるのは嬉しいけど、
生放送のレギュラー出演者としては反省している』

そう言って反省モードの宮舘涼太だけど、それでもやっぱり舘様の魅力全開の〝魅惑の『舘様クッキング』〟から、これからも目が離せないよね！

宮舘涼太 フレーズ

『宮舘涼太流に言うとさ、
「夢は目を開いているときに見ろ!」——って感じかな』

目を閉じて見る夢は眠っているときに見る夢。「将来の自分に描く夢はしっかりと目を見開いて見ろ!」——舘様の名言。

『自分に与えられた時間の中で最高の自分をアピールすること。
だから俺はカメラにワンショットで抜かれた瞬間を見逃さない』

バラエティ番組で見せる〝決め顔〟の裏には、宮舘涼太のこんな戦略が隠されていたのか。舘様はカメラにワンショットで抜かれた瞬間を決して見逃さず〝最高の自分をアピール〟しているのだ。

『人生経験なんて人それぞれだけど、
これから先、素晴らしい人たちと出会うことで、
もっともっと磨かれる。
そんな未来の自分が楽しみだよ』

人は誰も、まだ見ぬ誰かとの出会いで磨かれていく。
ロマンチックな宮舘涼太らしいポリシーの一つ。

9th Chapter

佐久間大介

Daisuke Sakuma

— Now & Future —

佐久間大介の『Snow Manは9人で頑張ります！』宣言

『プライベートで若手の歌舞伎役者さんにもヲタ友がいて、よく歌舞伎の話を聞いてんだよね。
たまに「さっくんって身体能力高いし、（歌舞伎の）女形とか似合いそう」
――って言ってもらえたりするから、
俺だって舘様に負けず劣らず歌舞伎に興味あるんだよ。
尊敬する（三宅）健くんも歌舞伎をはじめ日本の伝統芸能に詳しいし、
健くんは普段着からして和装じゃない？
俺も〝アニメキャラ入りの着物〟なら着たいと思うけど、
アニメヲタクだって歌舞伎に興味持ったっていいじゃない』〈佐久間大介〉

そんな佐久間大介と宮舘涼太はTBS系『ラヴィット!』のレギュラーを週交替で務めているが、この2月、佐久間大介の担当週に出演したジャニーズの先輩、NEWS・増田貴久のひと言に、全国のお茶の間が凍りつく事件が勃発した。

その日が『ラヴィット!』初登場だった増田は、佐久間と宮舘がスノーアクティビティを楽しむVTRの感想を求められると開口一番――

『イヤ~っ、本当にSnow Manっていいグループだなァ~と思って』

――と発し、続けて、

『Snow Manって9人でしょ?
僕らも、もともと9人いたんですよね』

――と、NEWSのオリジナルメンバーが9人いたことを自虐ネタにしたのだ。

「何の前触れも前フリもなく、ただただ単なる自虐ネタ。もちろん悪意はまったくなく、増田くんは周りに笑ってもらえるものと確信していたかのような表情でした。しかしMCの川島さんや他の出演者は、ゲストの増田くんではなくレギュラーのSnow Man派。何と返していいのか戸惑い、画面越しでもただただ空気が悪くなるのが伝わってきました」(人気放送作家)

それでもさすがというべきか、MCの麒麟・川島明は――

『**ちょっとスタジオが気を遣い出してます**』

――と即座に笑えるツッコミを入れ、スタジオにも何とか笑いの輪が広がった。

「その空気感がわかっていなかったのか、さらに増田くんは『**本当に頑張って欲しい**』と後輩のSnow Manにエールを送り、戻りかけた空気を台無しにしてしまったのです。しかも現在のNEWSメンバーが3人まで減っていることに掛けて、『**ロケに行ってる2人に1人足したら、僕ら(と同じ3人)ですからね**』――と、ますますドツボにハマる展開へ(苦笑)」(同人気放送作家)

しかしこのときばかりは後輩の佐久間大介に助けられたようだ。

「一応は先輩からのエールを受け、佐久間くんが『ありがとうございます。9人で頑張っていきます』
――と笑顔で返したことで、川島さん以下スタジオの空気も〝(まあ佐久間くんがエエんやったら俺らは何も言わんけど……)〟みたいな、暗黙の了解に変わったのです」(同前)

『俺は助けたとかそんな考えじゃなく、
NEWSさんがもとは9人だったことを増田くんがハッキリと言ったんで、
別にタブーとかそんなんじゃないけど、
単純に〝言っていいんだ〟ってちょっと感心しちゃったんだよね。
ちなみに俺がジャニーズJr.に入った直後ぐらいに内くんが謹慎になって、
半年後ぐらいに草野くんが謹慎になったりとか、NEWSの波乱万丈の歴史が重なるんだよね。
増田くんがあえて〝9人〟って、
最初に辞めたONE OK ROCK・takaさんも含めて数えてたところにジ～ンとしちゃって。
まあ増田くんは、何も考えずに事実だけを話したんだろうけど(苦笑)。
だから俺も『Snow Manは9人で頑張ります!』――なんてさ、
ムキになったわけじゃないけど力は入っちゃった(笑)』

ちなみに視聴者の反応を見ると、佐久間大介の『9人で頑張る』発言はかなりの好印象を残したようだ。

「NEWS以降でも関ジャニ∞、KAT-TUN、Hey! Say! JUMP、Sexy Zone、King & Prince(5月予定)と2000年代以降にデビューしたグループは〝脱退者を出すのが普通〟と言われる風潮の中、佐久間くんの言葉はSnow Manファンのみならずジャニーズに関心がある多くの視聴者を唸らせました。同日同時カップリングデビューを果たしたSixTONESともども、妙な風潮を吹き飛ばして欲しいですね」(前出人気放送作家)

あとは佐久間大介のその言葉を有言実行してくれれば、それでいい――。

〝ジャニーズ宮田一派〟の固い(?)結束

『もともとこの番組は、アニメヲタクとして自分の好きな作品を発信したり深掘りしたり、
ゲストを呼んで語り合ったりすることで、
「いろんな方に共感してもらいたいな」
「アニメに興味を持ってもらいたいな」
——ってコンセプトで始めたんだけど、
まさか2年も続いているなんて、自分自身が一番信じられない(笑)。
たぶんだけどリスナーの皆さん、
ヲタ友のところに遊びにきた感覚で聴いてくれているんじゃないかな』〈佐久間大介〉

文化放送で毎週土曜日20時からオンエアされている『Snow Man 佐久間大介の待って、無理、しんどい、、』。

ちなみに番組スタートが発表された当初、テレビ界からは「タイトルが昔やってた『堂本剛の正直しんどい』に似すぎている」「まさか……パクリ？」などの声も聞こえていた。

「佐久間くん自身はMis Snow Manのメンバーとして活動を始めた頃にはまだ番組が放送されていたので、タイトルについては『〝しんどい〟は同じだな……とは思った』そうです。さらに『俺は江戸川区出身だけど、〝しんどい〟って関西弁でしょ？ 今は東京の子どもたちも疲れたら〝しんどい〟なんて口にしているみたいだけど、基本は使わないじゃん。それだけ関西弁が浸透してるのは、やっぱり関西出身の芸人さんや関西ジャニーズ出身のメンバーが頑張ってる証拠じゃないかな』――って分析してましたよ」（ラジオ構成作家）

言われてみれば、テレビやYouTubeに関西弁が溢れているのは確かだ。

「そんな佐久間くんは、普段から『ジャニーズにはヲタクのヒエラルキーがある』と話していて、その頂点にいるのはKis-My-Ft2の宮田俊哉くんだそうです。『宮田くんが一番先輩ではあるけど、ポジションでいえば界王様。それで塚田（僚一）くんが神様で、俺は亀仙人あたりのポジション』――と、『ドラゴンボール』で例えてくれました（笑）」（同ラジオ構成作家）

佐久間が〝界王様〟と崇める宮田俊哉は、この『Snow Man佐久間大介の待って、無理、しんどい、、』にゲストとして出演してくれたこともある。

『ぶっちゃけ自分の番組がスタートするときから、
ジャニーズ事務所がらみではSnow Manのメンバー、
そして宮田くんと塚田くんは〝絶対に呼んで欲しい〟と頼んでいたから、
俺としては待ちに待ったゲストだったんだよね。
宮田くんは言うまでもなく、俺をアニメヲタクの道に誘ってくれた救世主で、
ご飯に連れていってもらったとき、アニメについて熱く語る宮田くんに影響を受けて、
俺は今でもアニメから人生を学んでいる。
塚田くんはアニヲタよりも少しハロプロヲタ寄りだから、たま～に話が合わないときもあるけど、
宮田くんが話してくれる言葉は一字一句この胸に刻んでるよ』

一方、佐久間から『神様、界王様』と崇められている宮田は――

『神様、界王様って……俺そんなに偉くないよ。
まあ、〝神様、仏様〟って言われるよりはいいけど(笑)』

そんな小ボケを挟みながらも――

『佐久間は間違いなく〝ジャニーズ宮田一派〟の一員だからね。

一派といっても塚っちゃんと佐久間だけで、なかなか若い世代が育ってこないんだけど（笑）。

でもラジオとはいえ、普段はあまり改まって話すことのないトークだったり、

佐久間との日常のトークができたのは嬉しかった。

佐久間は自分の弟子みたいな存在だけど、今や自分よりも〝有名ヲタク〟になっちゃったし、

そんな弟子でありながら有名ヲタクの佐久間に（番組に）呼んでもらえたことは、

ずっとジャニーズにいて感無量ランキングの上位に入る出来事だった。

あとは最近、塚っちゃんが関西のニュース情報番組でレギュラーをやってるみたいだけど、

そっちにも呼んでもらいたいね』

――と、後輩に対する〝愛〟を感じさせる宮田俊哉のセリフ。

それもこれも佐久間大介が宮田を尊敬し、普段から良好な関係を築いているからこそだろう。

これからも佐久間大介はもちろん、〝ジャニーズ宮田一派〟のますますの活躍に期待しよう――。

佐久間大介と目黒蓮の〝忘れられない思い出の旅行〟

『いろんなところでめめが――
「思い出の旅行は佐久間くんと行った韓国」――みたいな話をしてくれてるけど、
あれは〝旅行〟じゃなくて〝仕事〟だからね!
もう4年ぐらい前、CDデビューする1年ぐらい前の『有吉ゼミ』で、
超激辛チャンポンを完食する韓国ロケ。
昔、ジャニーズでもプライベートで一泊二日の韓国弾丸ツアーが流行った時代もあったけど、
それならまだしも、単なる〝仕事〟だから。
でも、めめのそういうピュアなところ、大好き』〈佐久間大介〉

なぜかこのところ、仕事先のスタッフさんに「(※韓国渡航が解禁されて)さっそく目黒くんと韓国旅行に行ったんだって?」などと尋ねられることが増えたという佐久間。

『めめが女性誌さんのインタビューで旅行について聞かれて、
〝思い出の旅行は俺と行った韓国〟……みたいに答えたんだってさ。
誰だってそこだけ切り取って聞かされたら、
それこそ〝今年のお正月休みに2人で韓国行った〟みたいに聞こえるよね。
確かにあのとき、めめは『俺、海外旅行初めてなんですよ！』——ってはしゃいでた。
でも何度も言うけど、旅行じゃなくて〝仕事〟だから（笑）』

そもそも目黒は、オフになるとメンバーが心配になるほどのインドア派。
それゆえに仕事とはいえ、佐久間大介とともに国際線の飛行機に乗って韓国に着けば、彼の中では立派な海外旅行だったのだろう。

『でも今年のお正月は、ほとんどしょっぴーといたんでしょ？（※渡辺翔太エピソード参照）
まあ俺に「2人で旅行行ったの？」って聞いてきたスタッフさんたちは、
そんなこと知らなくても普通だけどさ』

今年のお正月は、CDデビュー以来、初めてまとまった休み（……といっても数日間）がもらえたSnow Manのメンバーたち。

それぞれが思い思いの休みを満喫したようだが……

『俺と舘様は4日から『ラヴィット！』の生放送があったからね。
実家に顔出してゴロゴロしてただけ。
まあ『ラヴィット！』の『お試しSnow Man！』を見てくださった方はわかると思うけど、舘様と絶叫マシンロケで行ったナガシマスパーランドが名古屋のちょっと先だったから、半分国内旅行みたいなもの。
あれ？……俺、めめと似たようなこと言ってない（苦笑）!?』

――言ってる言ってる、仕事なのにね。

「もう4年ぐらい前になる『有吉ゼミ』ですが、佐久間くんと目黒くん、それにお笑いタレントのあばれる君の3人が韓国に乗り込み、韓国人の女性YouTuberと超激辛チャンポンの完食を目指しました。佐久間くんは『**喉をグイ～って広げられて熱した鉄球を入れられたみたい（に辛い）**』――と汗だくでコメント。誰もが〝完食できない〟と思っていたところ、佐久間くんは『**ジャニーズ10年以上やってるけど、こんなチャンスは本当に二度と来ない。このチャンスを逃すことはできない**』――と宣言。超激辛企画に何度もチャレンジしているKis-My-Ft2・宮田俊哉くんから〝痛みがくる前に食え〟とアドバイスをもらっていたそうで、制限時間の30分まであと20秒というところで完食。目黒くんは途中でギブアップしてしまいました」（番組関係者）

きっとその強烈体験もあって、目黒には強く〝佐久間大介と行った韓国旅行〟が記憶に刻まれたのだろう。

『めめに限らず、それぞれのメンバーと〝忘れられない思い出〟を増やしたい。
最初のSnowManメンバー6人は過ごした時間も長いから共有する思い出も多いけど、
特にめめとラウールとはJr.歴にも差があるし、
個人的にはJr.時代にそれほど接点がなかったからね。
ラウールとは〝一泊二日韓国弾丸超激辛ツアー〟でも組んでみるかな（笑）』

——そう話す佐久間大介。

佐久間大介に限らず、SnowManメンバーには、それぞれのメンバーと〝忘れられない思い出〟を増やして欲しい。

その分だけ〝メンバー同士の絆〟も、どんなグループにも負けないほどガッチリと築かれていくはずだから——。

佐久間大介 フレーズ

『自分の進むべき道に明確な答えはいらない。悩み苦しみ、そして工夫するからこそ自分だけの答えが導き出せるから』

「他の誰も歩んだことのない道を歩きたい」——そんな佐久間大介が大切にしていること、それは〝自分だけの答え〟だ。

『バラエティ番組でスベることは怖くない。
怖いのはスベることに慣れちゃうこと。
自分も周りもね』

「佐久間大介といえば」の問いかけに「バラエティ番組で暴走し、スベる人」のレッテルは貼られたくない。しかし一方で「スベり待ち」の期待に応えたい気持ちも?

『自分やグループが変化するためのきっかけは常に探しているし、
追い求めているよ。
自分やグループに眠る何か……
〝新しい才能みたいなもの?〟を目覚めさせてくれるから』

どんな些細なきっかけも見逃したくはない。それがどんな未来を自分たちに見せてくれるかわからないから。佐久間大介は現状に満足して立ち止まることはない。自分自身、そしてSnow Manが進化するためのきっかけを常に追い求めている——。

Snow Man
—俺たちの今、未来→
Now & Future

エピローグ

今年の2月に入って以降、Twitter上に2種類のハッシュタグが目立つようになっている。

まずその一つ目が【#キンプリにMV1億回再生を】だ。

「この【#キンプリにMV1億回再生を】は、YouTubeで公開されているKing&Prince『ツキヨミ』ミュージックビデオの再生回数に関することで、総再生回数1億回突破を目指してファン有志が呼びかけているものです。YouTubeには2022年10月11日にミュージックビデオが公開され、4ヶ月後の2023年2月11日時点で8，010万回再生を記録しています。これまで日本人アーティストのミュージックビデオのYouTube再生回数は米津玄師『Lemon』の約7億9，270万回再生を筆頭に約90曲が1億回再生を突破していますが、ミュージックビデオを含む単独動画の再生回数では、まだ各ジャニーズYouTubeチャンネルすべての中で1億回再生を突破した動画はありません。5月に脱退する3人のメンバーのため、ファン有志の皆さんはKing & Princeに〝ジャニーズ初の1億回再生〟をプレゼントしたいと考えているようです」

（人気放送作家）

8,010万回再生まで来たら1億回再生の背中もおぼろげに見えてきただろうが、ここに来て強力なライバルとして立ち塞がったのが、我らSnow Man。

そして「第二のハッシュタグ」こそ、【#DD1億回再生チャレンジ】だ。

「2019年12月に公開されて世間を驚かせたSnow Manのデビュー曲『D.D.』のミュージックビデオですが、King & Princeが8,010万再生を記録したのと同日には7,840万再生に到達。その差はわずか170万再生しかありません。Snow Manのファンも〝ジャニーズ初の1億回再生〟の称号を記念すべきデビュー曲に贈りたいと頑張っているそうです」〈同人気放送作家〉

さあ果たして〝ジャニーズ初の1億回再生〟の称号の栄誉に輝くのは、King & PrinceかSnow Manか――。

願わくは〝ジャニーズ初〟を同時に達成して欲しいとも思う。

Jr.時代から切磋琢磨し合ってきた仲間同士として、栄冠を分け合うのもいいではないか。

そして、たとえどちらが〝ジャニーズ初の1億回再生〟の栄冠に輝いたとしても、Snow Manが進む道の先にあるのは〝輝かしい未来〟しかない――。

〔著者プロフィール〕
池松 紳一郎（いけまつ・しんいちろう）

大学卒業後、テレビ番組情報誌の記者として活躍。後年フリーライターとなり、記者時代の人脈を活かして芸能界、テレビ界に食い込んで情報を収集、発信している。本書では、彼の持つネットワークを通して、Snow Manと親交のある現場スタッフを中心に取材。メンバーが語った言葉と、周辺側近スタッフが明かすエピソードから、彼らの“素顔”を紹介している。
主な著書に『Snow Man －9人のキズナ－』『9ビート Snow Man －俺たちのbeat－』『SixTONES－未来への音色－』（太陽出版）がある。

Snow Man　―俺たちの今、未来―

2023年3月31日　第1刷発行

著　者…………… 池松紳一郎
発行者…………… 籠宮啓輔
発行所…………… 太陽出版
〒113-0033　東京都文京区本郷3-43-8-101
電話03-3814-0471／FAX03-3814-2366
http://www.taiyoshuppan.net/

デザイン・装丁 … 宮島和幸（KM-Factory）
印刷・製本……… 株式会社シナノパブリッシングプレス

ISBN978-4-86723-123-4

Snow Man

—— 俺たちの今、未来 ——

Now & Future

◆ 既刊紹介 ◆

キンプリの“今”“これから”
―真実のKing & Prince―

谷川勇樹［著］ ¥1,400円+税

『自分の決断や行動、したことに後悔はしない。
しようと思ってしなかったこと、できなかったことは後悔するけど』〈平野紫耀〉

『これから先、俺は俺の選んだ道の上で
新しい人生や運命に出会うかもしれない。
少なくともそう信じてる』〈岸優太〉

『“勝てないなら走り出さない”
――そういう選択肢は俺にはなかった』〈神宮寺勇太〉

～メンバー自身の「本音」&側近スタッフが教える「真相」の数々を独占収録!!
“真実のKing & Prince”がここに!!～

【主な収録エピソード】

・脱退メンバー３人と岩橋玄樹の本当の関係
・滝沢秀明と平野紫耀の間にある“因縁”
・King & Prince がデビュー以来直面した“確執”と“葛藤”
・平野紫耀自身が語った“縦読み騒動”の真相
・本音を語った永瀬廉の“正直な想い”
・“５人のKing & Prince”として叶えた髙橋海人の夢
・新たに浮上してきた岸優太脱退後の“行先”
・“５人でいる時間を大切にしたい”―― 神宮寺勇太が語った本音

SixTONES
―未来への音色―

池松紳一郎［著］ ¥1,400円+税

『俺たちはSixTONESにしかできない音楽、
ライブをやり続けるだけだから』〈ジェシー〉

メンバー自身が語る「メッセージ」
側近スタッフが明かす「エピソード」
SixTONESの“知られざる素顔”満載！

◆ 既刊紹介 ◆

Travis Japan
世界へDANCE！ 素顔のトラジャ

西村芽愛莉［著］ ¥1,400円+税

『７人のメンバー全員が、
個人活動の先にグループの未来を見据えている』〈宮近海斗〉

『今、"トラヴィスの歴史"は始まったばかり。
どんなストーリーになるかは７人次第』〈松倉海斗〉

世界へ羽ばたくTravis Japan！
彼ら７人の"素顔"＆メンバーからの"メッセージ"独占収録！
『知られざるエピソード』満載☆

【主な収録エピソード】

・リーダー宮近海斗が見据える"グループの未来"
・なにわ男子・藤原丈一郎は中村海人の"お兄ちゃん"
・"同期"松村北斗と七五三掛龍也の関係
・川島如恵留が振り返るTravis Japan初期のメンバー関係
・吉澤閑也が活動休止で感じた"メンバーの友情と絆"
・松田元太が目指す"ラブコメのプリンス"
・東山先輩から松倉海斗への"無茶ブリ"
・"滝沢秀明が最後にデビューさせたグループ"としての固い決意
・メンバー同士で決めた"Travis Japanルール"
・"世界で活躍できるアーティスト"目指して！

なにわ男子
7人のキセキ

御陵誠［著］ ¥1,400円+税

『"奇跡"って自分が起こすから楽しいんやん。
待ってるだけでも何も起こらへんしな』〈藤原丈一郎〉

なにわ男子7人が起こす"キセキ"☆彡
なにわ男子の素顔のエピソード&メッセージ満載！
まるごと1冊☆"なにわ男子"に完全密着!!

◆ 既刊紹介 ◆

9ビート
Snow Man
—俺たちのbeat—

池松 紳一郎［著］ ¥1,400円+税

**『まだ誰も見たことがない景色を、この９人で見たい。
それこそが俺が Snow Man でいることの存在意義』**
〈岩本照〉

【主なメンバーメッセージ】

★『俺たちのことを待っている人がいたら……
それが1人だろうと1万人だろうと、俺たちはそのステージに立つ』＜岩本照＞

★『「限界まで努力する才能があるかないか？」
——Jr.から上に上がれるのは、そういうヤツ』＜深澤辰哉＞

★『明日は今日の続きじゃない。
今日できることは今日やって、新しい明日と出会いたい』＜ラウール＞

★『想像できる未来には、個人的には興味がない』＜渡辺翔太＞

★『大阪から東京に来て失くしたモノを懐かしむより、
新たに得たモノを大切に生きていきたい』＜向井康二＞

★『どんなに優れたアーティストも最初はただの素人。
そう思えば誰かと比べて凹むこともない』＜阿部亮平＞

★『Snow Manはどんなときでも、
外から帰ってきた俺を優しい笑顔と声で迎えてくれる』＜目黒蓮＞

★『「俺の人生には、無駄なことなんてなかった」
——と言える未来を必ず作りたい』＜宮舘涼太＞

★『強い意志があれば才能に勝てる。
俺は10年以上、それを心の芯に置いている』＜佐久間大介＞

Snow Man
—9人のキセキ—

池松 紳一郎［著］ ¥1,400円+税

『目の前の仕事を頑張れないヤツに未来は来ない』〈岩本照〉

**メンバー自身が語る「メッセージ」と、
側近スタッフが明かす「素のままのエピソード」多数収録!!
Snow Manの“知られざる素顔”が満載！**

◆ 既刊紹介 ◆

Snow Man
―9人のキズナ―

池松 紳一郎［著］ ¥1,400円+税

『自分たちの作品を
もっともっと高めていきたい！
これはSnow Man全員が思ってること』
〈Snow Man〉

【主な収録エピソード】

・岩本照がリスペクトする“誰かのために体を張る仕事”
・岩本照が選んだ“同期の親友”
・深澤辰哉が作る“Snow Manの未来”
・深澤辰哉自身が振り返る“ジャニーズJr.からの歴史”
・“なべラウ”へのラウール自身の期待
・ラウールの“今を引き出した”才能と努力
・“俳優・渡辺翔太”が名門『日曜劇場』初出演で掴んだもの
・渡辺翔太が貫き通した“アイドルになる”強い意志
・向井康二vs菊池風磨“どちらがジャニーズのドッキリ芸人か？”
・向井康二が振り返る“関西ジャニーズJr.からSnow Man加入まで”の道のり
・連ドラで初共演した阿部亮平と“あの先輩との関係”
・阿部部長が語る“ジャニーズクイズ部への熱い想い”
・目黒蓮が頼りにする“バラエティの師匠”
・“役者・目黒蓮”の大いなる飛躍
・宮舘涼太自身が明かす“舘様”の成長
・宮舘涼太が頭の中で描く“将来の青写真”
・俺と舘様は“川島さん派閥”
・佐久間大介が夢見る“憧れの世界”

太陽出版
〒113-0033
東京都文京区本郷3-43-8-101
TEL 03-3814-0471
FAX 03-3814-2366
http://www.taiyoshuppan.net/

◎お申し込みは……
お近くの書店にお申し込み下さい。
直送をご希望の場合は、直接小社宛にお申し込み下さい。
ＦＡＸまたはホームページでもお受けします。